Il Disturbo Bo      hio

to

Stefania Peracchio

Il Disturbo Borderline di Personalità e l'Attaccamento

Pattern insicuri-invischiati come fattori di rischio per l'insorgenza di BPD comorbido con Disturbi Ansioso-Depressivi

Edizioni Accademiche Italiane

Impressum / Stampa
Bibliografische Information der Deutschen Nationalbibliothek: Die Deutsche Nationalbibliothek verzeichnet diese Publikation in der Deutschen Nationalbibliografie; detaillierte bibliografische Daten sind im Internet über http://dnb.d-nb.de abrufbar.
Alle in diesem Buch genannten Marken und Produktnamen unterliegen warenzeichen-, marken- oder patentrechtlichem Schutz bzw. sind Warenzeichen oder eingetragene Warenzeichen der jeweiligen Inhaber. Die Wiedergabe von Marken, Produktnamen, Gebrauchsnamen, Handelsnamen, Warenbezeichnungen u.s.w. in diesem Werk berechtigt auch ohne besondere Kennzeichnung nicht zu der Annahme, dass solche Namen im Sinne der Warenzeichen- und Markenschutzgesetzgebung als frei zu betrachten wären und daher von jedermann benutzt werden dürften.

Informazione bibliografica pubblicata da Deutsche Nationalbibliothek (Biblioteca Nazionale Tedesca): la Deutsche Nationalbibliothek novera questa pubblicazione su Deutsche Nationalbibliografie. Dati bibliografici più dettagliati sono disponibili in internet al sito web http://dnb.d-nb.de.
Tutti i nomi di marchi e di prodotti riportati in questo libro sono protetti dalla normativa sul diritto d'Autore e dalla normativa a tutela dei marchi. Questi appartengono esclusivamente ai legittimi proprietari. L'uso di nomi di marchi, di nomi di prodotti, di nomi famosi, di nomi commerciali, di descrizioni dei prodotti, ecc. anche se trovati senza un particolare contrassegno in queste pubblicazioni, sono considerati violazione del diritto d'autore e pertanto non possono essere utilizzati da chiunque.

Coverbild / Immagine di copertina: www.ingimage.com

Verlag / Editore:
Edizioni Accademiche Italiane
ist ein Imprint der / è un marchio di
OmniScriptum GmbH & Co. KG
Heinrich-Böcking-Str. 6-8, 66121 Saarbrücken, Deutschland / Germania
Email / Posta Elettronica: info@edizioni-ai.com

Herstellung: siehe letzte Seite /
Pubblicato: vedi ultima pagina
ISBN: 978-3-639-77197-8

Indice

Introduzione

Tania era una studentessa di 23 anni che frequentava il college ed era vicina alla laurea. I suoi problemi erano cominciati alle scuole superiori con una grave bulimia; da allora aveva continuato a costringersi al vomito più volte al giorno. Si tagliava regolarmente e aveva pensieri di suicidio. Recentemente si era legata a un ragazzo che spacciava droga e usava cocaina tutti i giorni. Tania beveva parecchio e fumava quotidianamente marijuana.

Aveva avuto molte relazioni intime difficili e fortemente conflittuali, con uomini e con donne. Riferiva sentimenti di vuoto e di disperazione. Presentava anche sintomi cognitivi: depersonalizzazione, pensiero paranoide e, a volte, pseudo-allucinazioni uditive.

Tania soddisfaceva tutti e nove i criteri del DSM per il disturbo borderline di personalità, e aveva un punteggio di 9/10 nel DIB-R (Diagnostic interview for borderline patients).

J. Paris

Adolf Stern, in un articolo del 1938, fu il primo psicoanalista a descrivere il Disturbo Borderline di Personalità (*Borderline Personality Disorder-* BPD). Stern diagnosticava questa patologia a pazienti che vertevano in "uno stato di disforia cronica contro il quale non valgono aiuto e conforto" (Paris, 2006); pazienti con *psychic bleeding* ossia sensibilità eccessiva e sregolata, difficoltà nell'esame di realtà e nelle relazioni personali. Pazienti come Tania, a cui tutt'oggi viene posta diagnosi di BPD.

Ultimamente si sente spesso usare il termine "gioventù bruciata" per parlare di quelle persone, dai giovanissimi agli adulti, che si accostano troppe volte o troppo spesso al mondo della droga e dell'alcool, che manifestano comportamenti autolesivi, che sono promiscui, che non riescono a piacersi come sono, si vedono grassi e si inducono il vomito. Eccessive semplificazioni.

Si dovrebbe parlare non tanto di "gioventù bruciata", quanto di "gioventù ammalata".

Ritengo che lo studio del disturbo borderline di personalità sia per i giorni nostri quello che l'approfondimento dell'isteria è stato per Freud e i suoi contemporanei: un giro di boa per meglio comprendere i meccanismi della psiche.

Ovviamente, molto si è detto e molto vi è ancora da capire per quanto riguarda la diagnosi del BPD, la sintomatologia, l'eziologia e la possibile comorbidità.

Il mio elaborato vede, *in primis,* una presentazione del Disturbo Borderline di Personalità non solo come disturbo in sé, ma anche e soprattutto come funzionamento di personalità. Espone, quindi, quali siano i principali criteri per la sua diagnosi, sia volendo essere aderenti a una diagnostica più descrittiva, con l'utilizzo del DSM (Manuale Diagnostico e Statistico dei Disturbi Mentali), sia volendo utilizzare una diagnostica più dimensionale, con l'utilizzo del PDM (*Manuale Diagnostico Psicodinamico*). Successivamente, viene presentato un *excursus* sulle principali teorie psicoanalitiche che sono alla base della definizione di organizzazione della personalità al limite.

Nel secondo capitolo, mi concentro maggiormente sul rapporto tra il bambino e i suoi *caregivers*. Descrivo il passaggio dalla psicologia intrapsichica di Freud a quella odierna, maggiormente declinata più sul piano relazionale, focalizzando l'attenzione sulla teoria dell'attaccamento. In seguito, considero se e come il rapporto dell'infante con le proprie figure di riferimento possa rappresentare un fattore di protezione o di rischio per l'insorgenza di patologie nell'età adulta. Con particolare cura, tratto l'attaccamento insicuro come fattore di rischio per lo sviluppo del Disturbo Borderline di Personalità.

Il terzo e ultimo capitolo del mio elaborato prevede la descrizione dei Disturbi d'Ansia e dei Disturbi dell'Umore. Per entrambe le categorie di disturbi vengono trattati i criteri diagnostici sia descrittivi che dimensionali. Cerco, anche in questo caso, di comprendere se e in che modo l'attaccamento possa costituire un fattore di protezione o di rischio per l'insorgenza di queste patologie. A tal proposito, evidenzio come, in particolare, sia l'attaccamento invischiato a rappresentare un importante fattore di rischio. Infine, esamino la possibilità di una diagnosi di comorbidità tra i Disturbi Ansioso-Depressivi e il Disturbo Borderline di Personalità.

Capitolo 1. Il disturbo borderline di personalità

1. Dati epidemiologici

Sulla base di un'attenta analisi della prima letteratura sul Disturbo Borderline di Personalità, Torgersen e colleghi (2000) hanno evidenziato che mediamente il Disturbo Borderline di Personalità ha una diffusione dell'1,42% nell'intera popolazione americana, con una concentrazione del 10%-20% nei pazienti psichiatrici ambulatoriali e del 15%-20% nel pazienti psichiatrici ricoverati. Per approfondire meglio quest'ultimo aspetto, alcuni Autori hanno sottolineato come la maggior parte dei pazienti borderline che si incontra nella pratica clinica sia costituita da persone ricoverate in ospedale per comportamenti suicidari (Gunderson, 2001/2003; Zanarini e Frankenburg, 2001). Tuttavia, nella maggior parte degli ospedali nordamericani, i posti letto hanno subito drastici tagli e vi è una politica di *managed care*, razionalizzazione delle risorse e istituzione di figure e strutture con compiti ben definiti, che scoraggia il ricovero di pazienti con comportamenti suicidari. Inoltre, gli ospedali hanno soglie di accettazione differenti a seconda del numero di letti e delle dimensioni del bacino d'utenza (Paris, 2011). Considerando quanto appena detto, le stime del BPD rilevate in passato, come il 25% di tutti i pazienti ricoverati al McLean Hospital (Gunderson, 1984), possono non valere per la situazione attuale.

Sono state effettuate ricerche per stimare la prevalenza del disturbo anche nei servizi ambulatoriali. Uno studio di Zimmerman, Rothschild e Cheminski (2005) effettuato al Rhode Island Hospital ha mostrato come, degli 859 pazienti presi in esame, il 9,3% avesse una diagnosi di BPD. Inoltre, i pazienti borderline sono numerosi anche nei servizi di assistenza primaria. Uno studio di Gross e colleghi (2002) ha evidenziato una prevalenza del 6,4% in un campione di 218 pazienti.

Considerando i reparti di pronto soccorso, Forman e colleghi (2004) hanno rilevato che il 41% di 114 persone che avevano tentato più volte il suicidio e il 15% di 39 persone che lo avevano tentato per la prima volta soddisfacevano i criteri per la patologia borderline.

Bisogna, tuttavia, tenere in considerazione che la prevalenza dei disturbi psichiatrici rilevata sulla base degli accessi al Sistema Sanitario Nazionale (SSN) non è necessariamente rappresentativa dell'effettiva prevalenza nella comunità. Nel Regno Unito, Coid e colleghi (2006) hanno pubblicato uno studio su tutti i disturbi di personalità descritti nel DSM (*Diagnostic and Statistical Manual of Mental Disorders*); mentre negli Stati Uniti, Lenzenwegwer e colleghi (2007) hanno pubblicato uno studio su un campione rappresentativo a livello nazionale, basato sul *National comorbidy survey replication* (Kessler, Chiu, Demler, Merikangas e Walters, 2005). I risultati di queste ultime ricerche convergono sul fatto che il BPD abbia una prevalenza di circa l'1% (percentuale che risulta inferiore alle stime precedenti), evidenziando come nella comunità vi siano pazienti borderline che non cercano aiuto terapeutico né accedono al SSN (ospedali, presidi sanitari e così via). Inoltre, nella popolazione clinica il BPD risulta essere un disturbo soprattutto femminile - fino all'80% dei pazienti è donna (Zimmerman, Rothschild e Cheminski, 2005) - mentre considerando la popolazione in toto non emergono significative differenze di genere (Grant, Chou, Goldstein, Huang, Stinson, Saha et al., 2008).

Si può dedurre, quindi, che sono più le persone che non si rivolgono a un terapeuta rispetto a quelle che lo fanno, e che a non cercare aiuto sono soprattutto gli individui di sesso maschile (Paris, 2011). Una spiegazione può essere che le donne hanno più probabilità di sviluppare una sintomatologia al limite che le rende più inclini a cercare un aiuto terapeutico (Zweig-Frank, Paris e Guzder, 1994). Infatti, gli uomini sembrano essere più inclini all'alcolismo, ai comportamenti criminali e al suicidio (Lesage et al., 1994; McGirr, Paris, Lesage, Renaud e Turecki, 2007). Le donne, invece, sembrano interiorizzare maggiormente la sofferenza: con maggiore frequenza cadono in depressione, mettono in atto condotte autolesive o ricercano l'overdose (Looper e Paris, 2000).

Nel 2008, Grant e colleghi hanno svolto un'indagine epidemiologica sulla prevalenza del BPD nella popolazione americana, cercando di ovviare ai limiti dei precedenti studi, ossia un campione troppo piccolo e quindi poco rappresentativo o una metodologia di ricerca non ben strutturata. Hanno quindi intervistato 34.653 adulti, avvalendosi di una batteria di domande creata dalla *National Epidemiologic Survey on Alcohol and Related Conditions* (Grant, Hasin, Goodwin e Stinson, 2005). Da questo studio è emerso che le persone con BPD erano il 5,9%. Le stime del disturbo borderline non differivano significativamente tra uomini (5,6%) e donne (6,2%). Soprattutto per i nativi americani, è stato evidenziato una significativo decremento dell'intensità dei sintomi del disturbo borderline con l'avanzare dell'età, in particolare dopo i quarantaquattro anni. Più inclini a soffrire di BPD sono risultate le persone separate, divorziate o vedove. Questi dati sono in accordo con altri studi epidemiologici che hanno evidenziato come il BPD si distribuisca in modo eguale in ambo i sessi e abbia spesso una comorbidità con altre patologie psichiatriche, significativamente diverse a seconda del genere. Le donne, infatti, sembrano essere più comorbidi con Disturbi d'Ansia, dell'Umore e dell'Alimentazione, mentre gli uomini hanno maggior comorbidità con Disturbi Correlati a Sostanze, condotte aggressive e violente (Zimmeman e Coryell, 1989; Jackson e Burgess, 2000; Coid, Yang, Tyrer, Roberts e Ullrich, 2006; Lenzenweger, Lane, Loranger e Kessler, 2007).

In conclusione, ho svolto un'indagine epidemiologicadel Disturbo Borderline di Personalità, presso l'ASL TO1, nell'ultimo decennio: dal 01/01/2002 al 31/12/2012. In quest'ultimo lasso di tempo, sono stati diagnosticati due casi di BPD.

2. Prospettiva diagnostica del DSM-IV-TR (descrittiva)

Il DSM (*Diagnostic and Statistical Manual of Mental Disorders*) è nato come sistema tassonomico di classificazione delle patologie mentali. Elenca le differenti categorie dei disturbi e definisce i criteri sintomatologici necessari per diagnosticarli. Le intenzioni degli Autori erano di fornire una guida alla pratica clinica, facilitare la ricerca e migliorare la comunicazione fra clinici e ricercatori. Le prime due edizioni del manuale (DSM-I, 1952 e DSM-II, 1980) si basavano sul Positivismo Psichiatrico, che riteneva di poter spiegare ogni fenomeno psichico in base a criteri di carattere fisiologico. La patologia mentale era considerata come un fenomeno naturale da descrivere, classificare e ricondurre alle sue origini organiche attraverso i momenti clinici di esordio, evoluzione ed esito (Kraepelin, 1903/1905). Nelle prime due edizioni del DSM venivano, quindi, definiti i criteri per identificare le psicopatologie, cosicché i clinici potessero avere un unico sistema diagnostico cui attenersi.

La versione terza del DSM (APA, 1980) è stata una rivoluzione in ambito psichiatrico, sia per quanto riguarda la sua attendibilità sia per l'utilizzo di criteri diagnostici specifici empiricamente fondati. Si dava così avvio a un tentativo di diagnosi ateoretica. Il DSM-IV (1994) è giunto al termine di un lungo processo di revisione empirica della letteratura, ossia come esito di nuove analisi dei dati prodotti da ricerche precedenti e di nuovi ed estesi *field trials* (studi sul campo)[1].

---

[1]   Indagine condotta nell'ambiente naturale dei soggetti studiati, contrapposta all'indagine svolta in un ambiente artificiale come un laboratorio (Burgess, 1984).

Il DSM-IV-TR (2000a/2001) ha introdotto un sistema multi assiale per la diagnosi: ogni asse si riferisce a un diverso campo di informazioni che può aiutare il clinico nella pianificazione del trattamento e nella previsione della prognosi (tab. 1.1).

Asse I	Disturbi Clinici.
	Altre considerazioni che possono essere oggetto di attenzione clinica.
Asse II	Disturbi di Personalità.
	Ritardo Mentale.
Asse III	Condizioni Mediche Generali.
Asse IV	Problemi Psicosociali e Ambientali
Asse V	Valutazione Globale del Funzionamento

Tab. 1.1 Il sistema multiassiale per la diagnosi del DSM-IV-TR (American Psichiatric Association, 2000a/2001).

Questa valutazione multiassiale permette di avere un utile schema per organizzare e comunicare l'informazione clinica e per cogliere la complessità delle costellazioni sindromiche.

Nel DSM-V (2013), attuale versione del manuale, sono state apportate modifiche al sistema multiassiale; infatti i primi tre assi del DSM-IV-TR sono stati raggruppati in un unico asse per eliminare i confini arbitrari tra disturbi mentali, di personalità e patologie più di ordine medico. Questa nuova versione del manuale è stata pubblicata nel maggio 2013 in America e la versione italiana è prevista per i primi mesi del 2014. Nell'attesa, le linee guida per la diagnosi continuano a essere quelle previste dal DSM-VI-TR.

Cerchiamo di dipingere ora il quadro in cui si può inserire la diagnosi di BPD.

I Disturbi della Personalità si codificano in Asse II e vengono definiti come alterazioni stabili e disfunzionali nel modo di relazionarsi e comportarsi, diagnosticate in tarda adolescenza o nella prima età adulta.

Si dividono in tre cluster con progressiva diminuzione di gravità.

Il **Cluster A** prevede:

* **Disturbo Paranoide di Personalità**, caratterizzato da diffidenza e sospettosità pervasive nei confronti degli altri;

* **Disturbo Schizoide di Personalità**, una modalità pervasiva di distacco dalle relazioni e una ristretta gamma di espressioni emotive interpersonali, insorge solitamente nella prima età adulta;

* **Disturbo Schizotipico di Personalità**, con modalità pervasive e deficitarie di relazioni sociali e interpersonali.

Il **Cluster B** comprende:

* **Disturbo Antisociale di Personalità**, caratterizzato da un quadro pervasivo di inosservanza dei diritti degli altri, che si manifesta fin dall'età dei 15 anni. Per la diagnosi di questo disturbo l'individuo deve avere almeno 18 anni e deve essere presente un Disturbo della Condotta con esordio prima dei 15 anni di età;

* **Disturbo Borderline di Personalità**, caratterizzato da una pervasiva instabilità delle relazioni interpersonali, dell'immagine di sé e dell'umore e una marcata impulsività;

* **Disturbo Istrionico di Personalità**, caratterizzato da un'emotività eccessiva e una grande richiesta di attenzione;

* **Disturbo Narcisistico di Personalità**, caratterizzato da grandiosità, necessità di ammirazione e mancanza di empatia.

Il **Cluster C** prevede:

* **Disturbo Evitante di Personalità**, caratterizzato da inibizione sociale e ipersensibilità al giudizio;

* **Disturbo Dipendente di Personalità**, che comprende individui sottomessi, dipendenti, con eccessiva necessità di essere accuditi;

- **Disturbo Ossessivo-Compulsivo di Personalità**, caratterizzato da grande preoccupazione per l'ordine e necessità di controllo mentale e interpersonale;

- **Disturbo di Personalità NAS**, ossia diagnosticabile in soggetti con alterazioni del funzionamento della personalità, ma sotto soglia per la diagnosi di uno specifico Disturbo della personalità.

Entrando più nel dettaglio, il DSM-IV-TR prevede:

Disturbo Borderline di Personalità:

A. Una modalità pervasiva di instabilità delle relazioni interpersonali, dell'immagine di sé e dell'umore e una marcata impulsività, comparse nella prima età adulta e presenti in vari contesti, come indicato da cinque (o più) dei seguenti elementi:

1. Sforzi disperati di evitare un reale o immaginario abbandono. **Nota** Non includere criterio 5.

2. Un quadro di relazioni interpersonali instabili e intense, caratterizzate dall'alternanza tra gli estremi di iperidealizzazione e svalutazione.

3. Alterazione dell'identità: immagine di sé e percezione di sé marcatamente e persistentemente instabili.

4. Impulsività in almeno due aree che sono potenzialmente dannose per il soggetto, quali spendere, sesso, abuso di sostanze, guida spericolata, abbuffate. **Nota** Non includere il criterio 5.

5. Ricorrenti minacce, gesti o comportamenti suicidari, o comportamento automutilante.

6. Instabilità affettiva dovuta a una marcata reattività dell'umore (per es., episodica intensa disforia, irritabilità o ansia, che di solito durano poche ore, e soltanto raramente più di pochi giorni).

7. Sentimenti cronici di vuoto.

8. Rabbia immotivata e intensa o difficoltà a controllare la rabbia (per es., frequenti accessi di ira o rabbia costante, ricorrenti scontri fisici).

9. Ideazione paranoide, o gravi sintomi dissociativi transitori, legati allo stress."

(APA, 2000b/2002, pp. 319-320)

Il manuale non specifica alcun criterio essenziale senza il quale la diagnosi di BPD non andrebbe posta.

È possibile notare come i nuovi criteri appartengano a diversi domini: affettivo, cognitivo, impulsivo e interpersonale.

I sintomi affettivi sono descritti dai criteri 6, 7, 8; la disregolazione emotiva è caratterizzata da un'insolita intensità delle risposte emotive e/o un lento ritorno al livello iniziale dopo tali risposte. Inoltre, i pazienti passano rapidamente da un'emozione all'altra con scarsa capacità di regolazione. Il soggetto borderline ha una tendenza a rispondere agli eventi della vita con emozioni più forti del comune, più negative e più mutevoli (Zanarini, Gunderson e Frankenbug, 1989).

I comportamenti impulsivi sono descritti dai criteri 4 e 5; l'impulsività o disinibizione è caratterizzata da una minore sensibilità alle conseguenze negative del proprio comportamento e una mancata considerazione delle conseguenze a lungo termine. Una ricerca longitudinale (Masse e Trembay, 1996) ha mostrato che i suddetti tratti impulsivi sono stabili e seguono un andamento regolare nel corso dell'infanzia e dell'adolescenza. Per quanto riguarda i pazienti con BPD, con il termine impulsività ci si riferisce a una tendenza all'*acting out*[2]. I soggetti borderline, infatti, non solo pensano al suicidio, ma sovente attuano queste ideazioni anticonservative (Kleindienst , Bohus, Ludascher e Limberger, 2008).

Le difficoltà nelle relazioni interpersonali sono descritte dalle voci 1 e 2; è possibile affermare che, negli individui borderline, le relazioni intime abbiano inizio spesso con emozioni intense e impetuose. Da questo si può evidenziare un tratto di impulsività che influenza anche il modo in cui i rapporti interpersonali hanno fine: sovente con rabbia e brusche rotture (Coifman, Berenson, Rafaeli e Downey, 2012).

I sintomi cognitivi sono descritti dal criterio 9. Mentre i primi otto punti sono i medesimi che si trovano nel DSM-III, il nono è stato introdotto nella versione IV del DSM. Quest'ultimo criterio, tuttavia, non tiene conto di uno dei sintomi cognitivi più comuni nei pazienti borderline: le allucinazioni uditive transitorie associate a stati prolungati d'ansia (Zanarini, Gunderson e Frankenbug, 1989). Queste "quasi-allucinazioni" o "pseudo-allucinazioni" caratterizzano almeno il 30% dei pazienti con BPD e sono sintomi che distinguono questo disturbo dagli altri disturbi di personalità (Zanarini, 2005). Infatti, questo dato di realtà viene spesso sottaciuto per evitare una diagnosi o un trattamento errato. Contrariamente alle allucinazioni correlate con psicosi, Meares e colleghi (2005) hanno evidenziato come i fenomeni pseudo-allucinatori dei pazienti borderline

---

[2]   Il termine *acting-out* è usato nella psicoanalisi per designare le azioni che presentano per lo più un carattere impulsivo relativamente in rottura con i sistemi di motivazione abituali del soggetto, relativamente isolabile nel corso delle sue attività, e che assumono una forma di auto o etero aggressività (Laplanche e Pontalis, 1968).

siano riferibili a un'esperienza di alienazione del Sé[3], ossia una mancata coesione tra le parti del Sé derivata da un trauma precoce. L'Autore ipotizza che la creazione di una relazionalità analogica tra terapeuta e paziente possa promuovere l'emergere della coesione e che, quindi, i pazienti borderline possano giovare maggiormente di una psicoterapia piuttosto che dell'assunzione di farmaci antipsicotici (Meares, Gerull, Stevenson e Korner ,2011).

Il disturbo borderline si diagnostica qualora i sintomi compaiano in tarda adolescenza o nella prima età adulta. L'età media della prima presentazione clinica è di 18 anni, con un margine di più o meno 5 o 6 anni (Zanarini, Frankenburg, Khera e Bleichmar, 2001); tuttavia, non mancano casi di bambini che hanno gli stessi sintomi degli adulti "al limite" (Kernberg, Weiner, Bardenstein, 2000).

All'altro estremo dello spettro evolutivo vi sono i pazienti che presentano i sintomi caratteristici del BPD solo in tarda età. In questo caso, spesso, la sintomatologia borderline o è subclinica o è esito di processi patologici differenti, dal momento che i Disturbi di Personalità sono legati a problematiche precoci e di lungo periodo con esordio precoce (Zanarini et al., 2007). Infatti, il DSM-IV-TR così specifica:

> "La diagnosi di Disturbo di Personalità richiede una valutazione del modello di funzionamento a lungo termine dell'individuo e le particolari caratteristiche di personalità devono essere evidenti fin dalla prima età adulta. I tratti di personalità che definiscono questi disturbi devono anche essere distinti da caratteristiche che emergono in risposta a eventi stressanti situazionali specifici o stati mentali più transitori (per esempio, Disturbi dell'Umore o d'Ansia, Intossicazione da Sostanze)" (APA, 2000a/2001, p. 730).

La classificazione diagnostica eminentemente descrittiva dei disturbi nel DSM comporta, tuttavia, alcuni importanti problemi.

In primis, il rischio di etichettamento: si vanno a definire sintomi esclusivamente comportamentali ostacolando così l'approfondimento diagnostico della situazione e della singolarità

---

[3]   Meares si rifà alla definizione di Jackson (1958), che vede il Sé come costituito da due componenti, una delle quali denominata "coscienza dell'oggetto", che rimanda a una consapevolezza riflessiva degli eventi interni. Questa rappresenta la caratteristica identificatoria del Sé, ma non è il Sé. L'aspetto fondamentale e più costante del Sé è invece la "coscienza del soggetto", simbolizzata dal pronome Io e dalla quale scaturisce la coscienza dell'oggetto. La distinzione tra forma oggettiva e forma soggettiva della coscienza suggerisce due forme di vita mentale distinte ma coordinate, che si manifestano nelle due forme linguistiche fondamentali combinate nella conversazione ordinaria: quella di tipo "logico" e quella di tipo "analogico". La prima dipende dall'attività dell'emisfero sinistro, l'altra dal destro. La modalità analogica è necessaria per la coesione della coscienza, ma è relativamente difettosa negli individui traumatizzati nei quali è carente la funzione dell'emisfero destro.

del paziente. Infatti, benché il DSM sia nato proprio con il preciso intento di facilitare la comunicazione esaustiva tra i clinici, rischia di renderla sterile e alquanto impoverita se limitata alle mere categorie diagnostiche (Bleichmar, 1997).

In secondo luogo, l'ateoricità cui mirava il DSM sembra essere alquanto illusoria poiché si basa sull'assunto che i disturbi abbiano una base biologica e che siano entità discontinue descrivibili per mezzo di un sistema tassonomico categoriale (Albasi e Larosa, 2012).

In terzo luogo, è da segnalare la mera convenzionalità della definizione di disturbo mentale come un prodotto di una disfunzione interna non meglio specificata che dà origine ai comportamenti sintomatici (Borgogno, 1999). Analizzando questa concettualizzazione, è evidente come venga evitato qualsiasi riferimento all'eziologia del disturbo, permettendo in questo modo agli Autori di dichiarare l'ateoricità del DSM. Tuttavia, la negazione della rilevante dipendenza dalle influenze culturali e politiche è una delle maggiori criticità del manuale, così come l'opinabile scientificità della scelta dei criteri patologici (Albasi, 2009). Inoltre, per stessa ammissione degli Autori delle ultime edizioni del DSM, la decisione di sviluppare una definizione ampia del costrutto di disturbo mentale serve a includere una gamma sempre più vasta di pazienti, per fornire l'attenzione necessaria anche a coloro che soffrono di disturbi comportamentali lievi (Spitzer e Williams, 1982). Quest'ampliamento ha comportato, tuttavia, una medicalizzazione e una patologizzazione del comportamento quotidiano, denunciata da Kutchins e Kirk (1997).

In quarto luogo, si può evidenziare l'incapacità del manuale di coprire l'intero spettro dei disturbi della personalità che si possono osservare nella pratica clinica. La diagnosi maggiormente utilizzata sembra essere, infatti, quella di disturbo di personalità NAS (Verheul e Widiger, 2004). Per ovviare a questo problema, nelle edizioni più recenti del DSM si sono moltiplicate le categorie diagnostiche; tuttavia ancora il 60% dei pazienti trattati nella pratica clinica per *pattern* disadattivi di personalità non può ricevere una diagnosi specifica di disturbo della personalità in Asse II (Widigert, Simonsen, Sirovatka e Regier, 2006).

Importante è, ancora, il problema della eccessiva comorbidità: la maggior parte dei pazienti soddisfa contemporaneamente i criteri di più disturbi (Bornstein, 1998; Livesley, 2003; Lilienfeld, Waldman e Israel, 1994; Widiger e Trull, 1998). Il sistema politetico rischia di dare origine a un'eccessiva eterogeneità diagnostica: gli individui inseriti in una stessa categoria possono condividere pochi criteri o addirittura nessun criterio, poiché ciò che conta è che l'individuo raggiunga il numero minimo di criteri necessario per l'inclusione nella categoria e spesso non vi è un criterio essenziale senza il quale non fare la diagnosi (Bateman e Fonagy, 2004). Un esempio degli effetti della politeticità è, per l'appunto, il Disturbo Borderline di Personalità. Secondo i criteri del DSM III, esistono ben 93 combinazioni differenti che permettono di soddisfare i criteri diagnostici del disturbo: ad esempio, alcuni individui si caratterizzano maggiormente per la disregolazione affettiva, altri per l'impulsività, altri per problematiche a livello di condotta. Secondo Bateman e Fonagy:

> "[D]al momento che esistono nove criteri per il BPD e devono essere soddisfatti solo cinque per effettuare la diagnosi, è stato evidenziato che sono possibili 151 diverse combinazioni di criteri per la diagnosi di Disturbo borderline [...]; secondo Karterud (comunicazione personale), questo calcolo è scorretto ed esistono in realtà ben 256 combinazioni diverse" (Bateman e Fonagy, 2004, p. 1).

In conclusione, si evidenzia l'arbitrarietà delle soglie diagnostiche di *cut-off*; talvolta, come nel caso delle diagnosi di Disturbo di Personalità Borderline o Schizotipico, questi valori di soglia sono fondati sulla necessità di massimizzare l'accordo tra i clinici. Inoltre, viene data poca importanza, da parte dei clinici, alla valutazione dell'intensità dei sintomi. Questo va sottolineato, poiché discriminare se un sintomo sia lieve o intenso permette di effettuare valutazioni sull'opportunità di considerare soddisfatto un criterio sintomatologico, con ripercussioni sulla diagnosi (Albasi, 2011).

Per raggiungere la massima efficienza diagnostica e terapeutica, una classificazione ottimale dei disturbi di personalità dovrebbe tener conto sia di categorie in cui inserire le diverse costellazioni di personalità, sia di un punto di vista dimensionale, che faccia riferimento alla gravità di questi disturbi (Kernberg, 1984). In questa direzione, infatti, si sono mossi i membri della *Task Force* che ha redatto il DSM-V, mirando a introdurre criteri dimensionali, in modo graduale, affiancandoli e non sostituendoli alle definizioni categoriali dei disturbi (Helzer et al., 2008). Gli Autori della nuova edizione del manuale hanno notato come il DSM-IV-TR fosse alle volte troppo rigido per adattarsi ai reali sintomi dei pazienti e hanno cercato di sostituirlo con un metodo basato sui tratti di personalità e sulla loro gravità. Questo modello ibrido viene descritto nella Sezione III come suggerimento per ulteriori studi, ma non ancora è incluso nella parte principale del DSM, che rimane categoriale-descrittiva. Il modello ibrido categoriale-dimensionale si applica ai sette tipi di Disturbi di Personalità descritti nel DSM V:

1. Disturbo Borderline di Personalità

2. Disturbo Ossessivo Compulsivo di Personalità

3. Disturbo Evitante di Personalità

4. Disturbo Schizotipico di Personalità

5. Disturbo Antisociale di Personalità

6. Disturbo Narcisistico di Personalità

7. Disturbo di Personalità – Tratto Specifico (PD-TS, si diagnostica quando è presente un disturbo della personalità, ma non sono raggiunti i criteri per un disturbo della personalità specifico)

Secondo questo modello, ciascun Disturbo di Personalità è definito da un pattern specifico di tratti più o meno gravi. Per fare diagnosi di disturbo di personalità devono essere soddisfatti i seguenti criteri:

• **Criterio A**. Compromissioni significative del sé (identità o autodirezionalità self-direction) e del funzionamento interpersonale (empatia o intimità).

• **Criterio B**. Compromissioni di uno o più domini del tratto patologico della personalità o sfaccettature/aspetti del tratto.

• **Criterio C**. La compromissione nel funzionamento della personalità e l'espressione del tratto della personalità dell'individuo sono relativamente stabili nel tempo e costanti tra le situazioni.

• **Criterio D**. La compromissione nel funzionamento della personalità e l'espressione del tratto della personalità dell'individuo non sono meglio compresi come normativi per la fase di sviluppo individuale o per l'ambiente socio-culturale.

• **Criterio E**. La compromissione nel funzionamento della personalità e l'espressione del tratto della personalità dell'individuo non sono dovuti agli effetti fisiologici diretti di una sostanza o di una condizione medica generale.

Per la diagnosi, i clinici dovrebbero associare a ogni compromissione del funzionamento della personalità un livello di gravità (un *continuum* che va da un livello 0, equivalente a una assenza di deficit, a un livello 4, che indica una compromissione estrema). Questo modello ibrido si spera contribuisca a una migliore comprensione delle cause e dei trattamenti dei Disturbi di Personalità (APA, 2013).

3. Prospettiva diagnostica del PDM (dimensionale)

Fin dagli anni Ottanta alcuni Autori hanno mirato a intrattenere un rapporto più dialettico con la nosografia psichiatrica del DSM.

Otto Kernberg (1984), ad esempio, non parla più di "disturbi", ma di "organizzazioni" di personalità, integrando la prospettiva diagnostica strutturale psicoanalitica[4] con quella più positivista di stampo psichiatrico. La diagnosi strutturale di Kernberg considera il funzionamento complessivo dei pazienti, che classifica in tre grandi organizzazioni di personalità in ordine di gravità crescente: quella nevrotica, quella borderline e quella psicotica. Opera questa classificazione sulla base di tre criteri fondamentali: la diffusione/ integrazione dell'identità, il livello di maturità dei meccanismi di difesa e l'appropriatezza dell'esame di realtà.

Nancy McWilliams (1994/1999), psicoanalista americana, è interessata anch'ella al processo diagnostico e tenta di integrare la diagnostica psichiatrica con i segni, sintomi, tratti di personalità e potenzialità peculiari di ciascun paziente. Distingue i livelli di struttura del carattere in nevrotico, borderline e psicotico; sulla base delle difese prevalenti, del livello di integrazione dell'identità,

---

[4]   Il modello topico freudiano offre una visione della mente in cui i processi psichici vengono distinti a seconda delle modalità di funzionamento. La prima topica è stata sviluppata nel 1915, e la sua ipotesi fondamentale era che l'apparato psichico fosse costituito da tre sistemi, identificati in relazione alla loro accessibilità alla coscienza e al loro utilizzo dell'energia pulsionale: il sistema inconscio, quello preconscio e quello conscio. La seconda topica, detta anche ipotesi strutturale, considera il funzionamento psichico come risultato di un gioco di forze contrapposte: i desideri pulsionali, la consapevolezza delle esigenze della realtà e le regole morali. Questi forze vengono delineate, rispettivamente, con tre istanze (o strutture): l'Es, l'Io e il Super-Io (Freud, 1920).

dell'adeguatezza dell'esame di realtà, della capacità di osservare la propria patologia, della natura del conflitto primario e delle possibili dimensioni del transfert e del controtransfert. La premessa diagnostica principale, per l'Autrice, è la seguente:

> "Non è possibile comprendere la struttura essenziale del carattere di un essere umano senza valutare due dimensioni distinte e tra esse interagenti: il livello evolutivo di organizzazione di personalità e lo stile difensivo all'interno di quel livello." (McWilliams, 1994/1999, p. 60)

La prima dimensione descrive il grado di separazione-individuazione e di patologia della persona: psicotico, borderline, nevrotico o sano. La seconda dimensione identifica il tipo di carattere del paziente, come ad esempio paranoide, depressivo, schizoide, ossessivo compulsivo e così via.

Sydney Blatt (1995) apporta un ulteriore importante contributo alla concettualizzazione dello sviluppo e dell'organizzazione di personalità. Egli concepisce i disturbi di personalità come derivati da problemi connessi a due differenti linee evolutive: quella introiettiva, legata alla difficoltà di definire la propria identità, e quella anaclitica, connessa alla necessità di sviluppare relazioni stabili, intime e reciproche. Blatt ha quindi differenziato due configurazioni psicopatologiche fondamentali a cui sono associati i relativi disturbi di personalità. La prima configurazione riguarda tematiche più anaclitiche i soggetti sono affettivamente labili, dipendenti - ed è associata ai disturbi borderline, istrionico e dipendente. La seconda si riferisce a tematiche prevalentemente introiettive: soggetti caratterizzati da isolamento sociale, ritiro ed è associata ai disturbi schizoide, schizotipico, paranoide, narcisistico, antisociale e ossessivo (Blatt, Chevron, Quinlan, Schaffer e Wein, 1988).

Le teorizzazioni psicopatologiche dei diversi Autori sopraccitati hanno contribuito alla costruzione della logica diagnostica del Manuale Diagnostico Psicodinamico (PDM) (PDM Task Force, 2006/2008). Al pensiero psicoanalitico si sono, inoltre, aggiunti anche i contributi delle neuroscienze contemporanee e delle ricerche empiriche. Queste, indagando lo sviluppo del cervello e la maturazione dei processi mentali, hanno messo in luce come i pattern di funzionamento emotivo, sociale e comportamentale siano basati sul funzionamento sinergico di molte aree celebrali e non sul loro funzionamento isolato (Gabbard, 2001; Fonagy, 2004).

Il PDM si propone di integrare le conoscenze neuroscientifiche, le ipotesi nate in seno alla pratica della psicoanalisi clinica e la diagnostica tradizionale per creare un sistema coerente e integrato che possa essere impiegato per la diagnosi clinica, la formulazione dei casi e la progettazione degli interventi.

Passiamo ora a delineare il quadro in cui si inserisce la diagnosi di disturbo della personalità di livello borderline nel PDM.

Il Manuale Diagnostico Psicodinamico è diviso in tre sezioni: categorie diagnostiche utilizzate per la valutazione degli adulti; categorie diagnostiche utilizzate per la valutazione di adolescenti e bambini; contributi teorici e metodologici all'approccio diagnostico dimensionale.

Prenderò in considerazione in particolare la prima sezione, in quanto per bambini e adolescenti il *continuum* del funzionamento di personalità prevede *pattern* di personalità in formazione normali, lievemente disfunzionali, moderatamente disfunzionali e gravemente disfunzionali.

Per quanto riguarda l'inquadramento diagnostico dei soggetti adulti, il PDM (2008) prevede l'articolazione di tre assi:

1. Asse P, per la valutazione dei *pattern* e dei disturbi di personalità.

2. Asse M, per la valutazione del funzionamento mentale.

3. Asse S, per la valutazione dell'esperienza soggettiva dei pattern sintomatici dei vari disturbi clinici.

I *pattern* e i disturbi di personalità dell'Asse P, che è la prima dimensione da valutare con i pazienti adulti, sono collocati lungo un *continuum* di gravità: sano, nevrotico e borderline. Questo richiama in gran parte la concettualizzazione di Kernberg dei livelli evolutivi di organizzazione di personalità, ma non considera il livello psicotico. Gli Autori precisano che non hanno utilizzato nella loro classificazione questo livello sia perché questo può dare origine a confusione tra i disturbi di personalità e le malattie psicotiche, sia a causa della scarsa evidenza empirica a supporto. Infatti, la PDM Task Force si è chiesta se si possa o meno parlare di organizzazione della personalità per i pazienti psicotici, in quanto questi soggetti sono gravemente disturbati: manifestano allucinazioni, deliri, idee di riferimento e pensiero illogico. Gli Autori hanno convenuto che anche i soggetti affetti da psicosi abbiano una loro organizzazione di personalità:

> "Uno dei grandi meriti della tradizione psicoanalitica è stata la percezione di un qualche ordine nell'apparente caos di quelle persone che è facile considerare come irrimediabilmente folli".
> (McWilliams, 1994, p. 76)

L'organizzazione di personalità psicotica, tuttavia, è molto differente anche da quella borderline più gravemente disturbata. Per questo motivo è stata esclusa dal *continuum* proposto nell'attuale versione del PDM. Gli Autori, inoltre, considerando nel *continuum* il livello di organizzazione sano, evidenziano come sia clinicamente sempre importante comprendere la personalità di un paziente, anche nei quadri non psicopatologici.

Per capire in quale punto del *continuum* di gravità si colloca il paziente, si devono valutare sette aspetti diversi, ma non necessariamente indipendenti.

- Vedere se stessi e gli altri in modi articolati, stabili e precisi (identità);

- Mantenere relazioni intime, stabili e soddisfacenti (relazioni oggettuali);

- Fare esperienza dentro di sé, e percepire negli altri, l'intera gamma degli affetti appropriati a una certa età (tolleranza degli affetti);

- Regolare impulsi e affetti in modi che favoriscono l'adattamento e la soddisfazione, con un ricorso flessibile a difese o strategie di *coping* (regolazione degli affetti);

- Funzionare secondo una sensibilità morale coerente e matura (integrazione del Super-io, dell'Io ideale e dell'ideale dell'Io);

- Comprendere, anche se non necessariamente conformarsi a, le nozioni convenzionali di ciò che è realistico (esame di realtà);

- Rispondere in modo positivo agli stress e riprendersi da eventi dolorosi senza difficoltà eccessive (forza dell'Io e resilienza).

I pazienti con organizzazione di personalità al limite hanno alla base un'identità non integrata. Clinicamente, la dispersione dell'identità consiste in una percezione mal integrata di Sé e delle altre persone significative. A differenza delle personalità nevrotiche, in cui tutte le immagini del Sé (buone e cattive) sono state integrate in un Sé globale, nell'organizzazione delle personalità al limite le rappresentazioni del Sé e dell'oggetto restano rappresentazioni affettivo-cognitive multiple (Kernberg, 1975). L'esperienza soggettiva risultante è un cronico sentimento di vuoto, comportamenti contraddittori e percezioni superficiali, piatte e impoverite degli altri (Kernberg, Selzer, Koenigsberg, Carr e Appelbaum, 1987).

Per capire meglio il concetto di mancata integrazione dell'identità è utile fare una premessa. Le strutture di personalità al limite sono caratterizzate da massiccio e rigido utilizzo di meccanismi di difesa[5] primitivi[6], come la scissione e altre difese associate: l'onnipotenza, l'idealizzazione primitiva, l'identificazione proiettiva, il diniego e la svalutazione.

La scissione è una difesa che deriva da un periodo preverbale in cui il bambino non è in grado di percepire che le figure di accudimento hanno qualità sia buone che cattive e che sono associate a esperienze sia buone che cattive[7]. È ciò che l'infante sperimenta prima di raggiungere la costanza dell'oggetto, momento in cui potrà provare ambivalenza e sentimenti opposti verso uno stesso oggetto e anche verso se stesso. Il meccanismo di scissione può essere molto efficace nelle sue funzioni difensive, di riduzione dell'angoscia e di mantenimento dell'autostima (McWilliams, 1994). Tuttavia, se la scissione viene utilizzata in modo consistente e rigido anche successivamente alla fase preverbale, l'individuo può arrivare a concepire una marcata divisione sia del Sé in Sé totalmente buono o Sé totalmente cattivo, sia degli oggetti esterni in completamente buoni e completamente cattivi; con oscillazioni estreme e ripetitive fra i concetti di Sé e /o degli altri (Kernberg, 1987).

---

[5]   Il concetto di meccanismo di difesa è stato introdotto da Freud (1894) per indicare un processo volto a preservare l'equilibrio e l'integrità dell'apparato psichico, a proteggere quindi l'Io dalle richieste istintuali dell'Es e da esperienze pulsionali troppo intense, sentite come pericolose.

[6]   Per essere definita primitiva, una difesa deve mostrare due qualità associate alla fase preverbale dello sviluppo: il mancato raggiungimento della regolazione dell'Es da parte dell'Io e la mancata percezione della separatezza e della costanza di coloro che sono esterni al Sé (Freud, 1894).

[7]   Per Melanie Klein la scissione dell'oggetto è il meccanismo di difesa più primitivo contro l'angoscia. L'oggetto verso cui convergono le pulsioni erotiche e distruttive è scisso in un oggetto buono e in un oggetto cattivo, che subiranno destini relativamente indipendenti nelle successive introiezioni e proiezioni. La scissione degli oggetti è accompagnata da una corrispondente scissione dell'Io in Io buono e Io cattivo. Per la scuola kleiniana, infatti, l'Io è costituito essenzialmente dall'introiezione degli oggetti (Laplanche e Pontalis, 1967).

L'utilizzo del meccanismo di difesa dell'onnipotenza o controllo onnipotente si ha quando una persona interpreta le esperienze come frutto del proprio potere illimitato. Come nota Nancy McWilliams (1994), Sandor Ferenczi per primo focalizzò l'attenzione sugli "stadi dello sviluppo del senso di realtà" e sottolineò la presenza di una condizione infantile di onnipotenza e grandiosità, in cui la fantasia di avere il controllo del mondo è funzionale allo sviluppo. Con la maturazione, si passa a una fase di onnipotenza secondaria o derivata cui l'onnipotenza viene attribuita a una o più figure di accudimento, per arrivare successivamente a confrontarsi con la realtà e a comprendere che nessuno ha un potere illimitato (Ferenczi, 1913). Anche Freud (1914) postulava l'esistenza di una fase di narcisismo primario, dove per il neonato la fonte di tutti gli eventi è interna.[8] Successivamente, Winnicott (1965/1970) descrive lo sviluppo sano del bambino come passaggio graduale da una condizione di dipendenza a una di indipendenza. Nella prima fase, di dipendenza assoluta, il neonato non ha nessuna nozione delle cure materne, né controllo su di esse. Si trova in una situazione in cui può solamente trarre profitto o subire danni. Nella seconda fase, di dipendenza relativa, l'infante può diventare consapevole di aver bisogno dei vari aspetti delle cure materne e impara a metterli in rapporto alla pulsione personale. Nella terza fase, il bambino si avvia verso l'indipendenza, sviluppando i mezzi[9] per poter fare a meno delle cure reali.

L'idealizzazione primitiva ha la sua base nella formulazione di Ferenczi (1913) riguardante il fatto che le fantasie primitive di onnipotenza del Sé vengano gradualmente sostituite da fantasie primitive di onnipotenza della/e figura/e di accudimento. Con la crescita, la graduale de-idealizzazione di coloro per i quali si è avuto attaccamento infantile è una parte importante del processo di separazione-individuazione. Tuttavia, in certi adulti, il processo di idealizzazione sembra relativamente immodificato dall'infanzia. Queste persone cercano di combattere la loro angoscia con la convinzione che qualcuno a cui è possibile attaccarsi sia onnipotente, onnisciente e possa salvarli. L'altra faccia della medaglia del bisogno di idealizzare è la svalutazione primitiva. Quando le modalità arcaiche di idealizzazione si scontrano con la realtà, e quindi vengono frustrate, si avrà una svalutazione dell'oggetto tanto maggiore quanto grande era la previa idealizzazione (McWilliams, 1994).

---

[8]   Se il bambino, ad esempio, ha freddo e la figura materna se ne accorge e gli offre calore, il bambino ha un'esperienza preverbale in cui fantastica di aver magicamente provocato calore. Non vi è ancora una distinzione tra Sé e gli altri separati da Sé (Freud, 1914).

[9]   Il bambino arriva a fare a meno delle cure reali tramite la conservazione e l'introiezione dei ricordi delle cure, la proiezione dei bisogni personali, la comprensione intellettuale e lo sviluppo della fiducia nell'ambiente (Winnicott, 1965).

Identificazione proiettiva è un termine coniato da Melanie Klein (1932), e ha le basi in due processi difensivi primitivi: l'introiezione e la proiezione. L'introiezione consiste nell'incorporare alcuni caratteri dell'oggetto ansiogeno, non distinguendo più a livello rappresentativo il Sé dall'oggetto incorporato (A. Freud, 1936). La proiezione è un meccanismo arcaico usato come difesa in situazioni di conflitto e consiste nell'attribuire ad altri desideri, tendenze, rappresentazioni pulsionali che non si vuole riconoscere come propri (Freud, 1894). Per Kernberg (1976/1980) la proiezione e l'introiezione sono caratterizzate entrambe da un *continuum* di forme che vanno da quelle molto primitive a quelle più evolute e all'estremità primitiva i due processi si fondono nell'identificazione proiettiva, a causa della analoga confusione tra interno ed esterno. Tuttavia, il termine identificazione proiettiva è stato utilizzato da Melanie Klein (1946) per indicare una difesa che va al di là della sola associazione dei meccanismi dell'identificazione e della proiezione. Per la Klein, il soggetto introduce fantasmaticamente[10] la propria persona, totalmente o parzialmente, all'interno dell'oggetto per danneggiarlo, possederlo e controllarlo.

Il diniego o negazione consiste nella capacità dell'Io di liberarsi dei fatti spiacevoli negando la loro esistenza. Questo meccanismo può considerarsi normale nello sviluppo dell'Io infantile, infatti il bambino può affrontare le esperienze spiacevoli rifiutandosi di accettare che accadano. Negli adulti, un uso massiccio del diniego è indice di gravi disturbi psichici, poiché si tratta di un Io che cerca di sfuggire all'angoscia rifiutandosi di rinunciare agli istinti e negando la realtà[11] (A. Freud, 1936).

Volendo riferirsi al *continuum* di gravità proposto da Kernberg (1976) e ripreso da Nancy McWilliams (1994) - nevrotico, borderline e psicotico - si possono fare alcune considerazioni. Nonostante la comune mancanza di integrazione e il preminente utilizzo dei meccanismi di difesa primitivi, il rapporto degli individui borderline con la propria identità differisce da quello degli psicotici per alcuni aspetti. Primo, i borderline hanno un senso di incoerenza e discontinuità, ma

---

[10] Fantasma ossia scenario immaginario in cui è presente il soggetto e che raffigura, in modo più o meno deformato dai processi difensivi, l'appagamento di un desiderio. Tale deformazione risulta da due fattori: la gratificazione porta a considerare l'oggetto come "buono", mentre la frustrazione porta a considerare l'oggetto come "cattivo" (Laplanche e Pontalis, 1967).

[11] È un Io che anche da adulto cerca di vivere secondo il principio di piacere e non accetta il principio di realtà. Nel principio di piacere le pulsioni premono per ottenere un soddisfacimento immediato. Questo principio domina nel primo periodo evolutivo: se il bambino non dispone immediatamente dell'oggetto che soddisfa la sua pulsione cercherà il soddisfacimento nella fantasia. Nello sviluppo sano del bambino, il principio di piacere lascia gradualmente il posto al principio di realtà. Quest'ultimo sviluppa la capacità di dilazionare il soddisfacimento: utilizza l'energia pulsionale non ancora scaricata per compiere operazioni di pensiero volte a prevedere il risultato dell'azione che si progetta (Freud, 1915).

sanno di esistere: vi è una netta distinzione tra Sé e gli altri; gli psicotici vivono la mancata integrazione del Sé con un maggior grado di terrore esistenziale: vi è una mancata differenziazione tra le rappresentazioni del Sé e quelle dell'oggetto. Secondo, davanti a domande sull'identità propria e altrui, i pazienti borderline reagiscono con una difesa ostile, mentre gli psicotici sono troppo preoccupati di perdere il loro senso di esistenza, più o meno coerente, per mostrare al clinico risentimento per la sua attenzione su quel problema. Terzo, quando ai soggetti con organizzazione di personalità al limite si fornisce l'interpretazione della scissione e dei meccanismi connessi, il loro Io si integra e il funzionamento migliora; l'interpretare queste difese al paziente psicotico provoca, invece, un'ulteriore regressione (McWilliams, 1994).

La mancanza di un'identità integrata e i meccanismi di difesa connessi compromettono anche gli aspetti delle relazioni oggettuali, della tolleranza e della regolazione degli affetti. A riguardo, per la diagnosi il clinico indaga la stabilità e la profondità dei rapporti del paziente con le altre persone significative, se vi è calore, dedizione, empatia, comprensione e capacità di mantenere in vita una relazione anche quando vi siano conflitti e frustrazioni. Come sottolinea Kernberg (1987), la qualità delle relazioni oggettuali dipende non solo dall'integrazione dell'identità, ma anche dall'aspetto correlato del senso di continuità che il paziente ha di se stesso e degli altri. Nella personalità al limite tale continuità temporale è perduta: i soggetti valutano gli altri in modi sempre più deformati e senza reale empatia per il prossimo. I loro rapporti sono caotici o superficiali, e quelli più intimi sono solitamente molto conflittuali. Masterson (1976) ha descritto come gli individui al limite appaiano vittime di un dilemma: quando si sentono vicini a una persona provano panico per paura di un eccessivo coinvolgimento e di un controllo totale; quando si sentono separati vivono un abbandono traumatico. Questo conflitto è, secondo Masterson, centrale nella loro esperienza emotiva e si estrinseca in un continuo entrare e uscire dalle relazioni, compresa la relazione terapeutica. I *transfert*[12] analitici dei pazienti al limite, infatti, sono intensi, privi di ambivalenza e resistenti alle interpretazioni. Il terapeuta spesso viene percepito come o totalmente buono o totalmente cattivo. In questi casi, le reazioni di *controtransfert*[13] dell'analista sono generalmente intense e disturbanti. Non è raro che il terapeuta si senta come la madre esasperata di un bambino di due anni che non accetta di essere aiutato, ma senza aiuto cade in uno stato di

---

[12]   Il termine *transfert* designa, in psicoanalisi, il processo con cui i desideri inconsci si attualizzano su determinati oggetti nell'ambito di una relazione stabilita con essi e soprattutto all'interno di una relazione analitica (Laplanche e Pontalis, 1967).

[13]   Il termine *controtransfert* designa, in psicoanalisi, l'insieme delle reazioni inconsce dell'analista all'analizzato e più nello specifico al suo *transfert* (Laplanche e Pontalis, 1967).

profonda frustrazione (McWilliams, 1994). Per Freud (1912), il *controtransfert* doveva essere "riconosciuto" e poi "superato". Ferenczi (1926), invece, in una visione della psicoanalisi centrata sul concetto di reciprocità, cerca di non sottrarsi all'affettività attivata dal controtransfert, ma anzi di utilizzarla come valido strumento di lavoro, soprattutto per localizzare l'area traumatica del paziente. Infatti, se l'analista, grazie a una previa analisi personale delle sue ansie e conflitti infantili, riesce a discernere le proprie reazioni controtransferali all'interno della seduta, può capire meglio le dinamiche interpersonali che hanno caratterizzato l'infanzia dell'analizzato (Heimann, 1950).

Un altro aspetto legato all'integrazione dell'identità e alla qualità delle relazioni oggettuali è l'integrazione del Super-Io[14]. In pazienti con organizzazioni della personalità al limite si riscontrano precursori non integrati del Super-Io, caratterizzati soprattutto da rappresentazioni sadiche e idealizzate dell'oggetto. Il criterio per valutare l'integrazione dell'istanza morale è comprendere quanto il soggetto sia in grado di regolare la sua condotta secondo principi morali, astenendosi dallo sfruttamento, dalla manipolazione, dal maltrattamento dei suoi simili e quanto si mantenga onesto e moralmente integro anche in assenza di controlli esterni. Inoltre, bisogna considerare l'intensità dei sentimenti di colpa come principali regolatori dell' autostima (Kerberg, 1968). Negli individui con organizzazione di personalità borderline tutti questi aspetti sono compromessi. Si ha, infatti, una scissione tra il Super-Io, l'Io Ideale e l'Ideale dell'Io con conseguenti oscillazioni estreme e ripetitive tra rappresentazioni del Sé e degli altri idealizzate o sadiche.

Un altro parametro molto importante da valutare per distinguere la gravità dell'organizzazione di personalità è l'esame di realtà. Quest'ultimo si definisce come la capacità di differenziare il Sé dal non Sé, le origini intrapsichiche delle percezioni e degli stimoli da quelle esterne e come capacità di valutare realisticamente il proprio affetto, comportamento e contenuto di

---

[14]   Freud (1922) ha coniato il termine Super-Io per indicare l'istanza (struttura) che rappresenta la coscienza morale, la componente psichica che si oppone all'Io e lo giudica criticamente. Esercita funzioni di censura, autosservazione, propone modelli ideali imposti dal mondo esterno e le norme sociali interiorizzate. Funziona secondo il principio di realtà. Freud ha coniato entrambi i termini: Io Ideale e Ideale dell'Io, tuttavia nei suoi lavori non si trova una grossa distinzione concettuale tra un concetto e l'altro. L'ideale dell'Io rappresenta un'istanza della personalità risultante dalla convergenza del narcisismo (idealizzazione dell'Io) e delle identificazioni con i genitori, con i loro sostituti o ideali collettivi. Il Super-Io si sdoppia in un'istanza aggressiva (Super-Io vietante), derivante dall'introiezione della parte aggressiva-vietante dei genitori; e un'istanza libidica (l'Ideale dell'Io) derivante dall'introiezione di quella componente genitoriale più libidico-narcisistica (Laplanche e Pontalis, 1967).

Autori successivi (Numberg, 1932; Lagache, 1958) hanno precisato la distinzione tra Io Ideale e Ideale dell'Io, considerando l'Io Ideale come una formazione molto arcaica, basata sulle identificazioni primarie con le figure genitoriali idealizzate del periodo del narcisismo primario. Sulla base dell'Io Ideale si andava poi strutturando il Super-Io.

pensiero nel quadro delle comuni norme sociali. Per valutare l'adeguatezza dell'esame di realtà, il clinico può considerare se vi è assenza di allucinazioni e deliri, di affetti, contenuti di pensiero o comportamenti grossolanamente inappropriati e bizzarri. Il paziente deve essere inoltre in grado di provare empatia per colui che conduce il colloquio e fornire chiarimenti nel caso di osservazioni da parte del clinico di aspetti inappropriati o sconcertanti del comportamento o del contenuto di pensiero del paziente stesso (Kernberg, 1987). Gli individui con organizzazione di personalità al limite spesso hanno lacune limitate o assenti per quanto riguarda l'esame di realtà, se non in modo transitorio quando l'organizzazione borderline è più seriamente disturbata. In quest'ultimo caso, i pazienti possono presentare a tratti problemi sull'esame di realtà soprattutto quando reagiscono a eventi relativamente disturbanti nel contesto di relazioni molto investite di emozioni; un esempio può essere la psicoterapia. In questo contesto, il paziente può regredire e alcuni interventi terapeutici possono essere recepiti come attacchi in quanto rivolti verso un Io osservante[15] che in quel momento il soggetto borderline non ha (PDM Task Force, 2006/2008). Il paziente al limite è deficitario di un Io sufficientemente integro che svolga la funzione di osservatore e di mediatore con le istanze psichiche dell'Es e del Super-Io. Rifacendosi al *continuum* di Kernberg tra nevrotico, borderline e psicotico, è possibile formulare le seguenti considerazioni. In primo luogo, mentre la mancata integrazione dell'identità e il prevalere di operazioni difensive primitive consentono la differenziazione strutturale fra la condizione al limite e la nevrosi, l'esame di realtà consente di differenziare l'organizzazione borderline da quella psicotica. I pazienti borderline dimostrano di saper valutare la realtà, per quanto bizzarra o florida possa essere la loro sintomatologia. I pazienti psicotici, invece, non hanno la capacità di esaminare la realtà, in quanto privi di una distinzione tra Sé e non-Sé e quindi anche di un Io osservante.

Si evince, quindi, come l'Io abbia un ruolo fondamentale nella percezione della realtà e nell'adattarsi ad essa. In psicoanalisi si utilizza l'espressione "Forza dell'Io" per indicare la capacità della persona di riconoscere la realtà, anche quando è estremamente spiacevole, senza ricorrere a un utilizzo rigido di difese primitive (McWilliams, 1994). Le manifestazioni "non specifiche" di

---

[15] L'Io Osservante è quella parte del Sé cosciente e razionale che è in grado di riflettere sulle esperienze emotive, di stringere un'alleanza con il clinico per comprendere insieme la totalità del Sé, mentre l'Io Esperienziale ha una percezione più viscerale di ciò che accade nella relazione terapeutica (Freud, 1923). L'Io osservante fornisce la possibilità al clinico di vedere contemporaneamente in azione sia l'istanza psichica dell'Io che quella dell'Es. Infatti, il terapeuta ha a che fare con una pulsione dell'Es non genuina, ma modificata da misure difensive adottate dall'Io. Il compito dell'analista risulta quello di scomporre il quadro, che è l'immagine del compromesso tra le due differenti istanze, nelle parti che lo compongono, ossia l'Es, l'Io ed eventualmente il Super-Io (A. Freud, 1936/1985).

debolezza dell'Io[16] comprendono: l'incapacità di sopportare l'angoscia[17], l'incapacità di controllare gli impulsi[18] e l'assenza di maturi canali di sublimazione[19] (Kernberg, 1987). Manifestazioni non specifiche della debolezza dell'Io differenziano l'organizzazione della personalità al limite, più compromessa, da quella nevrotica, più resiliente (PDM Task Force, 2006/2008).

Nonostante la tendenza diagnostica a collocare la gravità del disturbo di un individuo a un certo punto del *continuum* sano-borderline, molte persone potrebbero essere rispettivamente considerate sane, nevrotiche e borderline a seconda di quali aspetti del funzionamento mentale vengano presi in considerazione. L'Asse M del PDM, infatti, viene utilizzato per valutare il Profilo di Funzionamento Mentale di un individuo analizzandone nove parametri e associando a ognuno di essi il livello di gravità. I nove parametri sono i seguenti:

• Capacità di regolazione, attenzione e apprendimento

• Capacità di relazioni e intimità

• Qualità dell'esperienza interna

• Esperienza, espressione e comunicazione degli affetti

• Pattern e capacità difensive

• Capacità di formare rappresentazioni interne

• Capacità di differenziazione e integrazione

• Capacità di auto-osservazione

---

[16]   Occorre differenziare queste manifestazioni da quelle "specifiche" di debolezza dell'Io, ossia dalle conseguenze del predominio dei meccanismi di difesa primitivi.

[17]   La capacità di sopportare l'angoscia indica fino a che punto il paziente può sopportare un carico di tensione superiore a quello sperimentato abitualmente senza manifestare un peggioramento dei sintomi o una regressione (Kernberg, 1987).

[18]   Il controllo degli impulsi indica quale ammontare di moti pulsionali o forti emozioni il paziente è in grado di sperimentare senza doverli necessariamente mettere in atto, contro la sua valutazione e i suoi interessi (Kernberg, 1987).

[19]   La capacità di sublimazione indica quanto il paziente sia in grado di dar prova di risorse creative in ambiti che vanno oltre le possibilità offerte dal suo ambiente, dalla sua istruzione o dalla sua preparazione; e quanto può impegnarsi per certi valori che sono al di là dei suoi interessi immediati o la sua autoconservazione (Kernberg, 1987).

• Capacità di costruire o ricorrere a standard e ideali interni

Ogni parametro viene collocato su un *continuum* a gravità crescente ai cui estremi si collocano da un lato capacità mentali ottimali, appropriate all'età e alla fase (che corrisponde a un'organizzazione di personalità sana); dall'altro gravi lacune nelle funzioni mentali di base (che corrisponde a un'organizzazione di personalità borderline gravemente disturbata).

4. Prospettive psicoanalitiche

All'interno della prospettiva psicoanalitica è presente una vasta letteratura sulla psicopatologia borderline nella quale si coglie una vasta divergenza di opinioni relative alla sua eziologia. Un certo consenso è, invece, riscontrato rispetto alla seguente affermazione:

> "Le persone vulnerabili alla psicosi sono da considerare psicologicamente fissate ai problemi della fase simbiotica precoce; le persone con organizzazione borderline sono riconoscibili dalla loro preoccupazione sui temi di separazione-individuazione; coloro che hanno una struttura nevrotica possono essere utilmente descritti in termini più edipici." (McWilliams, 1994, p. 72)

Tale formulazione fonda le sue basi nella teoria dello sviluppo della personalità proposta da Freud (1915). Questa aveva una derivazione biologica e sottolineava la centralità dei processi istintuali: concepiva negli esseri umani un'ordinata progressione di pulsioni corporee a partire dalla dimensione orale, attraverso quella anale e fallica, fino alla dimensione genitale. I bambini, nelle prime fasi dell'esistenza, ricercano senza nessuna inibizione la gratificazione istintuale, con alcune differenze individuali nell'intensità delle pulsioni. La fonte della pulsione libidica è chiamata zona erogena ed è la parte del corpo che è legata al soddisfacimento dei bisogni organici e, in quel determinato periodo dello sviluppo, è maggiormente esposta agli stimoli[20]. La teoria pulsionale postula che un bambino eccessivamente frustrato o gratificato in una fase psicosessuale precoce

---

[20]   Ci si riferisce a: zona orale, zona anale, zona fallica-clitoridea. Freud propone la suddivisione in "fasi" dello sviluppo libidico, coerentemente con il processo biologico di maturazione. Ciascuna fase è legata alla zona erogena che in quel periodo svolge il ruolo principe nella vita libidica (Freud, 1905).

rimanga fissato[21] ai problemi relativi a quella fase. Il carattere viene, dunque, concepito come espressione degli effetti a lungo termine di tale fissazione: se un adulto ha una personalità depressiva, probabilmente è stato trascurato o eccessivamente gratificato nel primo anno e mezzo di vita (fase orale); se è ossessivo con molta probabilità ha avuto problemi tra un anno e mezzo e tre anni (fase anale); se è isterico quasi sicuramente è stato rifiutato o sovrastimolato o entrambe tra i tre e i sei anni di età (fase fallica[22]).

Nel 1950, Erikson ha riformulato la teoria degli stadi psicosessuali in base ai compiti interpersonali e intrapsichici specifici di ogni fase. Durante la fase orale, nel bambino opportunamente gratificato si dovrebbe stabilire una fiducia di base, ossia "il sentire che i propri bisogni sono soddisfatti e che il mondo è un posto buono e piacevole" (Erikson, 1950). La fase anale implica l'acquisizione dell'autonomia e la fase fallica viene vista come un periodo critico per la sviluppo di un senso di efficienza[23] e un sentimento di piacere di identificazione con i propri oggetti d'amore. Erikson ha esteso l'idea di fasi e compiti evolutivi a tutto l'arco della vita e non solo ai primi sei anni, come sostenuto da Freud, e ha ulteriormente suddiviso le fasi più precoci (orale-incorporativa, orale-espulsiva, anale-incorporativa, anale-espulsiva).

L'opera di Margaret Mahler (1971) sulle fasi e sottofasi dello sviluppo della personalità mutua dal modello evolutivo freudiano i presupposti impliciti della fissazione. Come Erikson ha suddiviso la fase orale, la Mahler ha suddiviso i primi due stadi freudiani, orale e anale, in tre fasi. Queste ultime descrivono il passaggio di un bambino da uno stadio di relativa inconsapevolezza degli altri (fase autistica, per il primo mese di vita) a uno di simbiosi, dove l'infante non ha una distinzione tra il Sé e il non-Sé e sperimenta l'onnipotenza essendo in fusione con la madre (fase simbiotica-normale, dal secondo al quinto mese di vita), per giungere a un ultimo stadio di separazione e individuazione con la realizzazione finale di un Sé separato e autonomo (fase di separazione-individuazione, dal quinto mese fino ai tre anni). Quest'ultimo periodo è suddiviso a

---

[21]   La fissazione a una fase della sessualità pregenitale si ha quando una quota di energia pulsionale non passa alla fase successiva. Per questo motivo si ha una persistente ricerca di mete tipiche della fase in cui è avvenuta la fissazione (Freud, 1905).

[22]   L'ultimo periodo della fase fallica è noto come fase edipica. Le forti emozioni connesse all'attività autoerotica fanno sì che da essa si generino fantasie relative al prematuro desiderio di relazione sessuale con qualcosa di diverso da sé. Tale relazione d'amore immaginaria ha, di solito, come oggetto il genitore del sesso opposto ed è associata a rivalità e avversione verso il genitore dello stesso sesso. Questo insieme di sentimenti contrastanti viene definito da Freud: complesso edipico (Freud, 1922).

[23]   "Lo spirito di iniziativa contrapposto al senso di colpa" (Erikson, 1950).

sua volta nelle sottofasi: differenziazione[24], sperimentazione[25], riavvicinamento[26] e individualità e costanza dell'oggetto emotivo[27].

Kernberg (1975) sostiene che i pazienti con organizzazione della personalità borderline, dopo aver superato la fase simbiotica, si fissino alla fase di separazione-individuazione, nello specifico alla sottofase di riavvicinamento[28], caratterizzata da una alternanza tra il desiderio di stare molto vicino alla madre e quello di evitarla. Gli individui borderline, quindi, distinguono il Sé dall'oggetto, ma temono di essere abbandonati dalle figure significative, rivivendo continuamente una crisi infantile. Questi pazienti sono, infatti, caratterizzati da una condensazione patologica dei moti pulsionali aggressivi pregenitali e genitali. La fissazione a una fase pregenitale dell'aggressività comporta per una quota di energia pulsionale l'incapacità di passare alla fase successiva e, di conseguenza, vi è la persistente ricerca di soddisfacimenti tipici della fase in cui è avvenuta la fissazione. Gli individui borderline, essendo fissati alla fase anale, hanno una relazione con l'oggetto maggiormente centrata sulla dicotomia attività/passività, nel senso che l'oggetto è considerato passivamente a disposizione del soggetto. La loro disponibilità di energia pulsionale per passare a successive relazioni oggettuali adeguate è ridotta; così i conflitti edipici[29] sono vissuti con maggiore aggressività (Kernberg, 1975).

---

[24]   Differenziazione: il bambino inizia a distinguere se stesso dalla madre attraverso tre modalità: processo di schiusura (inizia a guardare l'ambiente esterno), ispezione doganale (esamina il volto della madre e di altre persone), rivolgersi a guardare la madre (Mahler, 1971).

[25]   Sperimentazione: sviluppo delle funzioni motorie. Questo si svolge in due periodi: sperimentazione precoce, dove la madre è comunque sempre al centro dell'interesse del bambino; sperimentazione vera e propria, grazie alla posizione eretta il bambino può sperimentare maggiormente e ha più consapevolezza dell'assenza della madre (Mahler, 1971).

[26]   Riavvicinamento: in questa fase è importante la condivisione delle esperienze con la madre (Mahler, 1971).

[27]   Individualità e costanza dell'oggetto emotivo: per il bambino l'immagine interna della madre è relativamente stabile (Mahler, 1971).

[28]   Questa sottofase corrisponde alla fase anale freudiana e alla fase anale-espulsiva di Erikson (McWilliams, 1994).

[29]   La dinamica edipica è una situazione pulsionale in cui gli oggetti sono scelti in funzione del loro sesso. Per il maschio, i desideri libidici sono prevalentemente rivolti verso la figura materna, mentre la figura paterna è vissuta come un rivale onnipotente, che si oppone all'esaudimento del desiderio erotico del bambino. La punizione fantasticata per il desiderio incestuoso è la privazione del fallo (in quanto zona erogena della fase fallica). Per la femmina, invece, la constatazione di essere priva del pene la porta a focalizzare il suo interesse sul padre. La madre è inconsciamente ritenuta colpevole di averla fatta a propria immagine e somiglianza (priva del pene), mentre il padre è ammirato e desiderato perché possiede il pene e, avendolo, lo può donare (Freud, 1915). Ambrosiano e Gaburri (2013) evidenziano come il conflitto edipico non riguardi solo le emozioni interne, ma sia reale, tra le generazioni. La tematica edipica è concretamente vera, ad esempio quando un figlio esce di casa e si emancipa, i genitori si sentono spintonati verso la morte, anche se hanno solo quarant'anni.

Il rivale edipico acquista caratteristiche tremendamente pericolose e distruttive; l'angoscia di castrazione e l'invidia del pene[30] appaiono terrificanti e i divieti del Super-Io riguardo le relazioni sessualizzate acquistano una qualità primitiva che si manifesta in gravi tendenze masochistiche o in proiezioni paranoidi dei precursori del Super-Io. L'oggetto d'amore è idealizzato, con la possibilità di un rapido crollo dell'idealizzazione, di un ribaltamento repentino e totale della relazione oggettuale. Le idealizzazioni, quindi, appaiono esagerate e fragili (Kerberg, 1975).

La natura non realistica sia del rivale edipico sia dell'oggetto d'amore rivelano l'esistenza di immagini irreali dei genitori, che riflettono la condensazione di aspetti parziali dei rapporti con ciascun genitore.

> "Mentre sono mantenute le differenze sessuali delle relazioni oggettuali, il rapporto fantasmatico con ciascuno di questi oggetti (i genitori) è non realistico e primitivo e riflette la condensazione di rapporti idealizzati o minacciosi che hanno origine da sviluppi preedipici ed edipici e da una rapida dislocazione dei rapporti libidici e aggressivi da un genitore all'altro." (Kernberg, 1987, p. 36)

Nei pazienti al limite, in cui predomina un'eccessiva coloritura aggressiva delle funzioni libidiche pregenitali, le tendenze genitali possono assolvere importanti funzioni pregenitali. Il pene, ad esempio, può acquisire la funzione nutritiva del seno materno; la vagina può acquisire le funzioni della bocca affamata o che nutre o che aggredisce. Analoghi sviluppi riguardano la funzione anale e urinaria (Kerberg, 1987).

Alcune ricerche (Kleeman, 1977; Stoller, 1977; Money e Ehrhardt, 1972/1977; Galeson e Roiphe, 1977) hanno indagato come si comporta l'infante in relazione ai processi psichici attraverso i quali avviene la fuga dai conflitti preedipici nell'infiltrazione edipica delle relazioni oggettuali. Il bambino, per difendersi dal vissuto di impotenza, considera un rivale onnipotente il genitore che si oppone al suo desiderio erotico. È più agevole e tollerabile, infatti, pensare che qualcosa di gradito non lo si possa fare perché vietato, piuttosto che ammettere che non si è in grado di farlo. Tuttavia, a livello borderline, una grave aggressività pregenitale rivolta verso il rivale edipico tenderà a rafforzare nelle bambine l'invidia del pene e le tendenze masochistiche nel successivo rapporto con gli uomini; e nel bambino aumenterà l'angoscia di castrazione. Inoltre, la proiezione di conflitti

---

30   La punizione fantasticata per il desiderio incestuoso è la privazione del fallo (in quanto zona erogena della fase fallica). L'angoscia di castrazione è, quindi, il deterrente che impedisce di coltivare il desiderio incestuoso. L'eliminazione dell'angoscia è possibile solo con la rinuncia all'oggetto incestuoso (Freud, 1915).

primitivi riguardanti l'aggressività sul rapporto sessuale dei genitori può portare a odio verso ogni forma di amore reciproco offerta dagli altri.

Capitolo 2. Il disturbo borderline di personalità e l'attaccamento

2.1 L'attaccamento

Freud (1905) sostiene che il bambino, nel primo periodo di vita, non sia consapevole del mondo che lo circonda e che solo gradualmente impari a differenziare sé stesso dall'oggetto[31]. All'inizio l'infante si rapporta all'oggetto soltanto per le gratificazioni che ne può trarre; solo successivamente tale oggetto viene investito di una carica psichica oggettuale, che persiste anche in assenza del soddisfacimento immediato di un bisogno, stabilendo così una relazione oggettuale continuativa. Le relazioni oggettuali hanno un'importanza fondamentale nello sviluppo dell'Io e delle sue competenze. Le prime fasi dello sviluppo delle suddette relazioni sono definite pregenitali, più nello specifico orali o anali, a seconda della zona erogena maggiormente investita dalle pulsioni. Analizzando il concetto di pulsione, si distingue una meta primaria, una fonte[32], una spinta[33] e un oggetto[34]. La meta primaria è la riduzione dell'eccitamento, e l'oggetto è solo un mezzo per raggiungere questa gratificazione. (Freud, 1938).

Balint, principale allievo di Ferenczi, (1945) sostiene che esista uno scarto nel pensiero freudiano tra una tecnica fondata sulla comunicazione, sulle relazioni da persona a persona, e una teoria che resta, secondo un'espressione di Rickman (1957), una *one body psychology*[35]. Infatti per Balint, che già nel 1935 chiedeva che fosse prestata più attenzione alle relazioni oggettuali, la maggior parte dei termini psicoanalitici sembrerebbero riferirsi all'individuo da solo, delineando così un modello di psicologia monopersonale e centrato solo sul soggetto. Balint (1969) auspicava un mutamento della cornice teorica, il passaggio da una psicologia intrapsichica a una più relazionale, prendendo come punto di partenza il contributo di Ferenczi.

---

[31]   Per oggetti si intendono cose e persone dell'ambiente esterno che siano particolarmente significative per la vita psichica del bambino. Il termine "relazioni oggettuali" si riferisce all'atteggiamento e al comportamento dell'individuo nei confronti di tali oggetti (Freud, 1905).

[32]   La fonte è il luogo in cui appare l'eccitazione (zona erogena, organo/apparato) (Freud, 1905).

[33]   La spinta (o impulso) è la quantità di energia che induce l'azione per ottenere soddisfacimento (Freud, 1905).

[34]   L'oggetto è ciò in cui e con cui la pulsione cerca di raggiungere la sua meta. Varia a seconda del periodo evolutivo (Persona o oggetto parziale o oggetto totale o oggetto fantasmatico) (Freud, 1905).

[35]   Psicologia monopersonale, centrata sull'individuo (Balint, 1945).

Un'innovazione in merito, apportata da Melanie Klein (1935), è stata quella di porre l'accento sulla natura relazionale delle pulsioni. Mantenendo una prospettiva intrapsichica della psicologia, la Klein teorizza che il mondo interno del bambino sia popolato di oggetti: immagini, deformate in modo fantasmatico, degli oggetti reali su cui sono basate. Queste rappresentazioni vengono investite pulsionalmente. La meta della pulsione non è più tanto il suo soddisfacimento, ma la relazione stessa. La Klein sostiene che lo sviluppo dell'Io si basi non tanto sulla pulsione più o meno soddisfatta nell'infanzia dell'individuo, quanto piuttosto su quelli che sono stati gli oggetti più importanti del mondo del bambino, sul modo in cui sono stati percepiti, o come tali oggetti o alcuni loro aspetti sono stati introiettati o proiettati, e infine come le loro immagini e rappresentazioni interne agiscono nella vita inconscia dell'adulto.

È nella tradizione del pensiero kleiniano che si pone la teoria di Fairbairn (1952a) che sostituisce in maniera pressoché totale il concetto freudiano di pulsione con quello di relazione oggettuale, sostenendo che l'indagine psicopatologica debba essere indirizzata allo studio, anziché delle pulsioni, degli oggetti verso i quali le pulsioni sono dirette. Fairbairn sostiene che "la libido ricerca l'oggetto e non il piacere" (Fairbairn, 1952a).

Ferenczi (1929) e Winnicott (1951; 1967) sono i primi a formulare un modello di sviluppo relazionale, sostenendo che l'istinto non sia il motore preminente della crescita, diversamente dalle teorie di Freud e dalla Klein. Per Ferenczi e Winnicott nessun "potenziale ereditario"[36] può garantire la crescita di un infante prescindendo dalle cure materne.

"Se le cure materne non sono abbastanza buone l'infante non comincia a esistere realmente, giacché non vi è una continuità dell'essere; la sua personalità si struttura invece sulla base delle reazioni agli urti dell'ambiente" (Winnicott. 1960, p. 63).

Per Winnicott (1960), infatti, nella prima fase di indifferenziazione Sé-oggetto, l'immaturità dell'Io del bambino necessita di essere equilibrata dal sostegno dell'Io fornito dalla madre. Una madre "sufficientemente buona" è colei che fornisce al bambino un senso di continuità dell'esistenza dell'Io dalla sua fase di dipendenza assoluta fino all'indipendenza. È una madre, quindi, che svolge

---

[36]   Il potenziale ereditario di un bambino comprende la tendenza all'accrescimento e allo sviluppo (Winnicott, 1965).

con continuità le funzioni ambientali dell'*holding*[37], *handling*[38] e dell'*object presenting*[39]. In tal modo, con il passare del tempo, l'individuo introietta la madre che dà sostegno all'Io e così diventa capace di esser solo senza aver bisogno di far frequente riferimento alla mamma.

"Solo nella misura in cui i genitori dimostrano al bambino un amore sena limiti e lo circondano di cure e tenerezza, essi possono farsi perdonare di averlo messo al mondo senza sua richiesta; in caso contrario, entrano ben presto in azione gli impulsi distruttivi. Ciò non è strano perché il lattante è molto più vicino alla non esistenza individuale di quanto non lo sia l'adulto, che ne è separato dall'esperienza della vita. Per questa ragione si direbbe che sia molto facile che il bambino scivoli spontaneamente indietro, nell'inesistenza" (Ferenczi, 1929, p. 363).

Secondo Ferenczi (1932a;b), un bambino non ha una forza vitale di per sé cosi grande: utilizza tutta la sua libido per crescere, ma per uno sviluppo normale ha bisogno che i genitori gli forniscano sufficiente amore, "tenerezza". Infatti, contrariamente alla teorizzazione del narcisismo primario di Freud[40], Ferenczi sostiene che il bambino non si ami abbastanza. Per questo l'infante abbisogna di un *cargiver* che non solo lo soddisfi nei suoi bisogni primari, ma che sia con lui "tenero" a sufficienza per trarlo fuori da una condizione insopportabile di insufficiente amore di sé e di senso di non esistenza. Secondo l'Autore, l'individuo che ha avuto esperienza precoce di circostanze relazionali intensamente negative sembra oscillare tra la diffidenza e la perplessità. Il soggetto che precocemente è stato oggetto di sentimenti manifestamente negativi si sentirà prevalentemente animato da diffidente ambivalenza, mentre l'individuo che in tenera età ha esperito maggiormente oscillazioni emotive imprevedibili e ambiguità affettivo-relazionali, come ad esempio abusi sessuali, sarà sollecitato ad avvertire stati di confusione e incertezza relazionale. Bowlby (1951/1957) ha anch'egli teorizzato un modello di sviluppo relazionale dell'infante, per fornire una spiegazione ai sintomi di "anaffettività" dei bambini gravemente deprivati di cure

---

[37]   Sostegno: comprende tutta una serie di cure diurne e notturne e non è uguale per due diversi infanti. Il sostenere pone le basi per l'Integrazione dell'Io dell'infante (Winnicott, 1951).

[38]   Manipolazione: si riferisce alla provvidenza ambientale che coincide all'incirca con l'istituirsi di una relazione somato-psichica (Winnicott, 1951).

[39]   Presentazione dell'oggetto: l'infante sviluppa una vaga attesa che ha origine in un bisogno non formulato; la madre responsiva presenta un oggetto o una manipolazione che risponde alle di lui esigenze e così egli comincia ad aver bisogno proprio di ciò che la madre gli presenta. In questo modo l'infante comincia ad aver fiducia di poter creare gli oggetti e il mondo reale. Questo è per il bambino l'inizio delle relazioni oggettuali, che non può avvenire se l'ambiente non presenta l'oggetto in modo tale che all'infante sembri di crearlo (Winnicott, 1951).

[40]   Il narcisismo primario designa, per Freud, uno stato precoce in cui il bambino investe tutta la sua libido in se stesso (Freud, 1914/1966-80).

materne, registrati durante il suo lavoro con la World Health Organisation (WHO)[41]. Secondo Bowlby, il bambino che non aveva beneficiato di un legame ininterrotto con il *caregiver* era più incline a mostrare segni o di deprivazione parziale (come ad esempio un eccessivo bisogno d'amore o di vendetta, un forte senso di colpa e depressione) o di deprivazione totale (come ad esempio abulia, mutacismo, ritardo dello sviluppo e, successivamente, segni di superficialità, assenza di veri sentimenti, mancanza di concentrazione, tendenza all'inganno e al furto compulsivo). Questo ha portato l'Autore a tentare di applicare i principi dell'etologia alla clinica[42], formulando una teoria dove il parametro per lo strutturarsi del Sé dell'infante fosse l'attaccamento, ossia il mantenimento di un livello desiderato di prossimità con l'oggetto. Nella maggior parte dei casi questo oggetto risulta essere la madre (Bowbly, 1951).

Erano già disponibili studi che dimostravano come, almeno nel regno animale, i piccoli sviluppano un attaccamento nei confronti di adulti da cui non sono stati nutriti, ma che gli hanno fornito affetto e cure[43] (Lorenz, 1935). Inoltre, Harlow scoprì che in una specie di primati, i macachi *rhesus*, il piccolo mostrava una marcata preferenza per una "madre" manichino soffice e riscaldato, nonostante il fatto che questa non gli fornisse cibo, rispetto ad un manichino duro e freddo che forniva cibo (Harlow e Zimmermann, 1959). Questi studi sono stati un forte sostegno per Bowbly nel formulare il concetto di comportamento di attaccamento umano come:

> "forma di comportamento che si manifesta in una persona che consegue o mantiene una prossimità nei confronti di un'altra persona, chiaramente identificata, ritenuta in grado di affrontare il mondo in modo adeguato. Questo comportamento diventa molto evidente ogni volta che la persona è spaventata, affaticata o malata, e si attenua quando si ricevono conforto e cure. Altre volte il comportamento è meno evidente." (Bowbly, 1988, p. 25)

Il sapere che una figura d'attaccamento è presente e pronta a rispondere fornisce al piccolo un forte senso di sicurezza, che concorre a dare valore alla relazione e al volerla continuare. Il

---

[41]   Nel 1949, a Ronald Hargreaves, capo della sezione di salute mentale della WHO, fu richiesto di contribuire a uno studio delle Nazioni Unite sui bisogni dei bambini senza famiglia e istituzionalizzati. Hargreaves nominò Bowbly come esperto che riferisse a breve termine su quegli aspetti del problema che concernevano la salute mentale (Bowbly, 1951).

[42]   "Man mano che la mia comprensione dei principi dell'etologia aumentava e la andavo applicando a un problema clinico dopo l'altro, divenni sempre più fiducioso che questo approccio fosse promettente" (Bowbly, 1988/1989, p.24).

[43]   Teoria dell'imprinting (Lorenz, 1935).

comportamento di attaccamento è considerato parte integrante della natura umana e condiviso anche con altre specie; la sua funzione biologica è quella della protezione.

Vi è una chiara distinzione tra l'attaccamento e il comportamento[44] di attaccamento. Dire di una persona, bambino o adulto, che ha un attaccamento nei confronti di qualcuno, significa sostenere che il soggetto sia fortemente portato a cercare prossimità e contatto, specialmente in situazioni di emergenza, solo con quel determinato individuo. Questo comportamento è evidente soprattutto nella prima infanzia, ma si può osservare in qualsiasi momento del ciclo di vita. Il comportamento di attaccamento, invece, si riferisce a una delle varie forme di comportamento che la persona mette in atto per ottenere la prossimità che desidera e può essere manifestato in circostanze differenti, nei confronti di diversi individui. Nelle situazioni di pericolo, la maggioranza dei bambini mostra una gerarchia di preferenze: prima cercano di rivolgersi alla persona a cui sono attaccati, ma quando non è disponibile cercano di avvicinare anche altre persone (Bowbly, 1988).

Altri sistemi comportamentali sono quelli dell'esplorazione e della paura. Il sistema comportamentale dell'esplorazione prevede la perlustrazione dell'ambiente circostante, il gioco e varie attività con i propri pari. Se un individuo, di qualsiasi età, si sente sicuro è probabile che esplori allontanandosi da una figura di attaccamento. Quando è spaventato, agitato, stanco o sofferente (sistema comportamentale della paura), sente una spinta ad avvicinarsi[45]. Questi comportamenti ricalcano il tipico schema di interazione tra bambino e genitore, noto come esplorazione a partire da una base sicura[46]. Il concetto di una base personale sicura è cruciale per capire come la persona emotivamente stabile si sviluppi e funzioni per tutta la vita (Ainsworth, Bell e Stayton, 1971). A tal proposito, vennero condotte osservazioni sul comportamento di esplorazione e di attaccamento dei bambini, e sull'equilibrio tra i due comportamenti, sia quando i bambini erano

---

[44]   Il concetto di sistema comportamentale è concepito sulla base dell'analogia con un sistema fisiologico organizzato in modo omeostatico per assicurare che una data misura fisiologico sia mantenuta entro certi limiti. Nel sistema comportamentale i limiti sono mantenuti grazie a modalità comportamentali invece che tramite mezzi fisiologici (Bowbly, 1988).

[45]   Il sistema comportamentale della paura attiva il sistema comportamentale di attaccamento (Bowbly, 1973).

[46]   La Ainsworth focalizzò la sua attenzione sullo studio dell'interazione madre-bambino, sia a Baltimora che in Uganda, e fu colpita dal fatto che i bambini, una volta in grado di muoversi autonomamente, usassero le madri come una base da cui partire per l'esplorazione dell'ambiente circostante (Ainsworth, 1977).

a casa con la madre, sia quando venivano messi in una situazione test: la *Strange Situation*[47]. È risultato che il comportamento del bambino in entrambe le situazioni era molto simile ed è stato possibile classificare gli infanti in tre gruppi principali, secondo due criteri: quanto o quanto poco essi hanno esplorato in presenza della madre o in sua assenza; come hanno trattato la madre quando lei era presente, quando si allontanava e, specialmente, quando ritornava.

I bambini con attaccamento sicuro esploravano attivamente, specialmente in presenza della madre. Utilizzavano la mamma come base sicura, tenendo conto dei suoi spostamenti, scambiando sguardi e di tanto in tanto tornando da lei per condividere un gradevole contatto.

Il gruppo definito con attaccamento ambivalente raggruppava gli infanti che alternavano momenti in cui apparivano molto indipendenti e ignoravano completamente la madre a momenti in cui diventavano angosciati e la cercavano. Tuttavia, quando si ricongiungevano con la mamma, sembravano non gradire il contatto con lei e spesso lottavano per allontanarsi di nuovo.

Il gruppo con attaccamento evitante comprendeva i bambini che esploravano poco e, invece, si succhiavano il pollice o si dondolavano. Costantemente angosciati per gli andirivieni della madre, piangevano molto in sua presenza, ma erano oppositivi e difficili al suo ritorno.

La Ainsworth ha ipotizzato che la differenza del comportamento di attaccamento dei vari bambini fosse da ricercare nella possibilità della madre di rispondere ai bisogni del figlio (Ainsworth, 1977). Infatti, un'ingente mole di ricerche depone a favore del fatto che lo stile di attaccamento che un individuo sviluppa durante gli anni di immaturità[48] sia profondamente influenzato dal modo in cui i *caregivers* lo trattano (Ainsworth, 1978; Sroufe, 1983; 1985; Ainsworth, 1985; Main, Kaplan e Cassidy, 1985; Grossmann, K.E., Grossmann, K. e Schwan, 1986). Questi studi hanno identificato tre modelli principali di attaccamento (Ainsworth, Bell e Stayton, 1971), riconducendo ciascuno di essi a uno specifico ambiente di crescita.

Il primo stile individuato è quello dell'attaccamento sicuro: l'individuo ha fiducia nella disponibilità, comprensione e aiuto che la figura di attaccamento gli darà in caso di situazioni

---

[47]   La *Strange Situation* è un test formato da otto episodi della durata di tre minuti ciascuno. Nei primi episodi si può osservare il comportamento esplorativo del bambino alle prese con una situazione estranea ma ricca di stimoli. In seguito si provocherà un'attivazione del suo comportamento di attaccamento ad alta intensità, tramite due brevi separazioni e due ricongiungimenti con la madre. L'analisi del comportamento del bambino durante i primi trenta secondi di entrambi i ricongiungimenti fornisce le indicazioni più importanti per poter comprendere lo schema di attaccamento. Questa metodica fu formulata come una procedura di laboratorio controllata, in modo che le differenze individuali nel comportamento dei bambini potessero essere evidenziate dal fatto che essi venivano esposti alla stessa situazione, con gli stessi episodi nello stesso ordine (Ainsworth, Bell e Stayton, 1971).

[48]   Prima infanzia, seconda infanzia, adolescenza (Bowbly, 1988).

avverse o angoscianti; con questo senso di sicurezza, il soggetto si sente pronto ad affrontare il mondo. Questo comportamento viene promosso da un *caregiver* che sin dai primi mesi si dimostra facilmente disponibile, sensibile ai segnali del bambino e affettuosamente pronto a rispondere quando il bambino cerca protezione e conforto.

Un secondo schema è quello dell'attaccamento insicuro resistente: l'individuo non ha la certezza che il *caregiver* sia pronto a rispondergli o soccorrerlo nel caso in cui lui chiedesse aiuto; a causa di questo senso di incertezza, il soggetto è angosciato dalla separazione, tende ad aggrapparsi all'altro e vive con ansia l'esplorazione del mondo. Questo comportamento viene promosso da una figura di attaccamento che è disponibile e soccorrevole solo in alcune occasioni e utilizza sovente le minacce di abbandono come mezzo di controllo.

Un terzo stile di attaccamento è quello insicuro evitante: l'individuo non possiede la fiducia che, quando ricercherà delle cure, il *caregiver* gli risponderà in modo adeguato, ma, al contrario, si aspetta di essere rifiutato seccamente. Il soggetto tenterà di vivere la propria vita senza il sostegno degli altri, cercando di diventare autosufficiente sul piano emotivo. Questo comportamento è il risultato di una figura di attaccamento che respinge duramente e costantemente l'infante se egli cerca aiuto e cure, mentre si dimostra contenta se il bambino se la cava da solo e non chiede ausilii (Ainsworth, Bell e Stayton, 1971).

Vi sono, tuttavia, alcuni bambini che rappresentano eccezioni sconcertanti agli schemi comportamentali sopracitati. Certi infanti appaiono disorientati e/o disorganizzati; alcuni sembrano stupefatti, altri si immobilizzano, altri si impegnano in qualche stereotipia, altri ancora iniziano un movimento e poi si fermano inspiegabilmente. Mary Main e colleghi hanno concluso che si tratta di bambini con una versione disorganizzata di uno dei tre modelli di attaccamento tipici, soprattutto di quello insicuro ambivalente (Main e Weston, 1981; Main e Solomon, 1987). Queste manifestazioni disorganizzate sono osservabili in bambini che sono stati maltrattati fisicamente e/o molto trascurati dal genitore (Crittenden, 1985). O ancora si possono osservare in diadi madre-infante in cui la madre tratta il bambino in modo imprevedibile e bizzarro, come ad esempio in caso di diagnosi di disturbo bipolare (Radke-Yarrow, 1985). Altre manifestazioni di attaccamento disorganizzato si hanno in bambini la cui madre non abbia ancora elaborato il lutto per la figura parentale morta durante la sua infanzia, o che abbia subìto maltrattamenti o abusi sessuali nell'infanzia (Main e

Hesse, 1988). Bisogna tenere in grande considerazione, infatti, che cosa è accaduto nel passato del *caregiver* per comprendere il suo comportamento di accudimento[49].

Il lavoro della Ainsworth e colleghi (1978) ha riconosciuto che la risposta del bambino alla *Strange Situation* non era una semplice reazione all'assenza fisica della madre. Il comportamento di attaccamento del bambino sembrava rendere conto della stima e della valutazione dell'allontanamento della madre nel contesto del suo comportamento atteso.

Già nei primi mesi di vita, infatti, un lattante mostra molte risposte che diverranno successivamente parte del comportamento di attaccamento, anche se lo schema di comportamento organizzato non si svilupperà fino alla seconda metà del primo anno di vita. Dalla nascita in poi, il bambino mostra una capacità germinale di impegnarsi in interazioni sociali e un certo piacere nel farlo. Secondo Stern (1985/1987), i neonati cominciano a sperimentare il senso di un Sé emergente fin dai primi giorni di vita e non attraversano mai un periodo di totale indifferenziazione fra Sé e l'altro[50].

All'inizio il bambino ha solo il pianto come strumento per segnalare il suo bisogno di cure e la contentezza per esprimere che è stato soddisfatto. Al secondo mese, però, il suo sorriso sociale agisce già in modo molto forte nell'incoraggiare la madre a occuparsi di lui e il suo repertorio di comunicazioni emotive si estende poi rapidamente (Izard, 1982; Emde, 1983). Lo sviluppo del comportamento di attaccamento richiede che il bambino abbia la capacità cognitiva di ricordare la madre anche quando lei non è presente. Dai nove mesi in poi, infatti, il bambino acquisisce la capacità di rappresentazione e con essa la possibilità rappresentarsi il modello operativo della madre[51]: qual è il suo modo di comunicare e di comportarsi nei confronti del figlio. Complementare al suo modello della mamma, l'infante sviluppa un modello operativo interno (MOI) del Sé in

---

[49] Il sistema di accudimento è un sottoinsieme del comportamento genitoriale, delineatosi per promuovere la vicinanza e il conforto quando il genitore percepisce che il bambino è esposto a un pericolo reale o potenziale. Il sistema di accudimento idealmente agisce in reciprocità con il sistema di attaccamento del bambino (Cassidy,1999).

[50] Durante il periodo di vita che va dai due ai sei mesi, i bambini consolidano in senso di un Sé nucleare come un'unità fisica separata, compatta, provvista di confini, di un senso di essere "agenti" dotati di affettività e di continuità temporale. Non esiste, quindi, una fase simbiotica, poiché le esperienze soggettive di unione possono essere possibili solo dopo che si è instaurato un senso del Sé nucleare e di un "altro" nucleare.

Il periodo di vita che va dai nove ai diciotto mesi circa non ha come compito evolutivo primario la separazione e individuazione del bambino dalla madre. Esso è destinato alla creazione di un'unione intersoggettiva con l'altro, che a questa età è divenuta possibile (Stern, 1977).

[51] Dai nove mesi in poi, infatti, quando il bambino viene lasciato con una persona estranea, la maggior parte delle volte risponde con proteste e pianti, e anche con una più o meno prolungata preoccupazione e rifiuto nei confronti dell'estraneo. Queste osservazioni dimostrano che per l'infante inizia a essere disponibile il modello operante della madre, poiché gli permette di fare comparazioni durante l'assenza della mamma e di riconoscerla al suo ritorno (Bowlby, 1988).

relazione con la madre; la stessa cosa avviene con il padre. I MOI sono strutture di memoria che consentono di registrare le esperienze relazionali sia a livello episodico (singoli episodi specifici) che semantico (affermazione generale su se stessi e sugli altri). I modelli operativi interni governano i sentimenti del bambino verso sé stesso[52] e verso i propri genitori: come l'infante si aspetta che i *caregiver* lo trattino e come progetta il proprio comportamento nei loro confronti. Si ritiene che i MOI, costruiti durante i primissimi anni di vita, presto si stabiliscano come influenti strutture cognitive che tendono a persistere, arrivando a operare a livello inconscio (Main, Kaplan e Cassidy, 1985).

L'esperienza, inoltre, è immagazzinata sia a livello rappresentazionale che subsimbolico (non rappresentazionale) (Stern, 1985). Stern ha proposto il concetto di rappresentazioni generalizzate delle interazioni (RIG) intese come MOI non rappresentazionali, ma procedurali. La caratteristica centrale sia dei RIG sia dei MOI riguarda la disponibilità attesa della figura d'attaccamento.

Precedentemente si è accennato che gli schemi comportamentali, una volta formatisi, tendono a persistere immutati nel corso de tempo. Questo si verifica poiché il modo in cui i genitori trattano il figlio tende a rimanere costante. Un altro motivo è che lo schema, una volta acquisito, tende ad autoperpetuarsi. Un bambino insicuro ambivalente, ad esempio, è più incline a piangere, lamentarsi e ad aggrapparsi al *caregiver* ed è molto probabile che questo comportamento susciti una risposta ambivalente da parte dei genitori, sviluppando così un circolo vizioso. Tuttavia, se durante i primi due o tre anni le figure di attaccamento tratteranno l'infante in modo diverso, il comportamento di attaccamento varierà di conseguenza (Sroufe, 1985).

Quando il bambino cresce, lo schema diventa sempre più di sua proprietà, il che significa che egli tende a imporlo, o a imporne un suo derivato, nelle nuove relazioni che intreccia. A conferma di ciò vi è uno studio longitudinale che mostra come uno schema di attaccamento caratteristico della coppia madre-bambino, valutato quando l'infante aveva dodici mesi, è altamente predittivo di come quel dato bambino si comporterà in assenza della madre, ad esempio all'asilo, tre anni e mezzo più tardi. Infatti, i soggetti con attaccamento ansioso-ambivalente, ad esempio,

---

[52] Bowlby prevedeva anche un modello complementare del Sé, la cui caratteristica fondamentale fosse il grado in cui il bambino sente di essere accettabile o inaccettabile per la figura d'attaccamento. Ci si aspetta che un bambino il cui modello operativo interno del genitore sia focalizzato sul rifiuto sviluppi un modello operativo complementare di Sé come non amabile, indegno difettoso (Bowbly, 1988).

vengono descritti a quattro anni e mezzo come tesi, impulsivi, facilmente frustrabili, oppure come passivi e bisognosi di aiuto (Sroufe, 1983).

Altri due studi longitudinali confermano che lo schema di attaccamento valutato a dodici mesi è altamente predittivo anche degli schemi di interazione con la madre osservati cinque anni più tardi (Wärtner, 1986; Main e Cassidy, 1988). Ad esempio, gli infanti che a dodici mesi apparivano disorganizzati e/o disorientati, cinque anni dopo si distinguono per la tendenza a controllare o dominare un genitore. Questi bambini, infatti, possono trattare il *caregiver* in modo umiliante e/o rifiutante; o essere troppo solleciti e protettivi, con un evidente capovolgimento dei ruoli del figlio e del genitore (Main e Cassidy, 1988).

Come ha sottolineato Ferenczi (1932a), il bambino che è stato deprivato delle cure psicologiche necessarie per il suo sviluppo, per evitare di scivolare verso il senso di non esistere, inconsciamente si identifica con l'adulto deprivante, "aggressore". Per Ferenczi infatti, il sentimento di non esistenza del bambino è correlato con un'identificazione patologica. Mentre nella prospettiva kleiniana l'identificazione proiettiva originaria è del bambino verso l'adulto[53], nella prospettiva ferencziana l'identificazione proiettiva patologica va inizialmente dall'adulto verso il bambino. L'identificazione introiettiva dell'infante viene definita come identificazione introiettiva con un genitore non "sufficientemente buono" a fronte di un'identificazione proiettiva aggressiva che proviene dal *caregiver.* Identificandosi con l'aggressore[54], l'infante dissocia in parte o completamente da sé la sua vita emozionale, omologandosi a emozioni, percezioni e pensieri che l'aggressore si aspetta da lui (Borgogno, 2004).

Due ulteriori studi trasversali, condotti su giovani adulti, mostrano che si ritrovano anche in costoro gli aspetti di personalità caratteristici dei vari schemi di attaccamento dei primi anni di vita (Hazan e Shaver, 1987; Kobak e Sceery, 1988; Cassidy e Kobak, 1988).

---

[53] L'identificazione proiettiva originaria consiste in una proiezione fantasmatica all'interno del corpo materno di parti scisse della persona o del soggetto oppure della persona nella sua totalità (e non solo di oggetti cattivi parziali), in modo da ledere e controllare la madre dall'interno (Laplanche e Pontalis, 1968).

[54] "La nozione di "identificazione con l'aggressore" è stata ripresa da Anna Freud nel 1936, ma con un altro senso: essa applica questo concetto ai bambini che non sono stati maltrattati e che anticipano un'aggressione temuta identificandosi con l'aggressore e diventando loro stessi aggressori. Ferenczi applica questa nozione ai bambini gravemente maltrattati, terrorizzati, che reagiscono interiorizzando la violenza subita, sottomettendosi interamente alla volontà estranea, sino ad identificarsi con l'aggressore per assicurarsi in questo modo una qualche possibilità di sopravvivenza (...) Quest'identificazione con l'aggressore consente al bambino di mantenere un'immagine sufficientemente buona dell'adulto maltrattante, da cui dipende continuamente" (Dupont, 1999, p. 147).

Per spiegare la tendenza degli schemi di attaccamento a diventare sempre più proprietà del bambino stesso, la teoria dell'attaccamento si rifà al concetto già descritto di MOI. Man mano che un bambino con attaccamento sicuro cresce, si verifica un graduale aggiornamento dei modelli operativi interni di sé e degli altri in interazione con lui. Nel caso di un infante con attaccamento insicuro, invece, l'aggiornamento dei modelli viene in certo grado impedito dall'esclusione difensiva di esperienze e informazioni discrepanti. Quindi, gli schemi di interazione a cui questo modello conduce, diventando rigidi, portano l'individuo a comportarsi allo stesso modo anche con persone che da adulto lo tratteranno in maniera diversa dalle sue figure di attaccamento.

La chiave di comprensione di queste differenze del grado di aggiornamento dei modelli è da ricercare nelle differenze di libertà di comunicazione verbale e non verbale tra madre e figlio (Bretherton, 1987).

> "Se prendiamo in considerazione una relazione "sana" fra madre e figlio, il bambino [...] scinde e proietta sulla madre le parti cattive di sé, quelle che non riesce a tollerare. La madre, attraverso la sua funzione di rêverie, è capace di contenere queste parti negative, sopravvivere loro e le restituisce al bambino bonificate, elaborate, pregne di significato. In questo modo, il bambino introietterà il modello stesso della funzione di contenitore materno, imparando a contenere le proprie emozioni e quindi a pensarle senza modificare la natura delle persone intorno a lui." (Granieri, 2004, p. 65)

Perché una relazione tra due individui proceda in modo armonioso, ciascuno deve essere consapevole del punto di vista dell'altro, delle sue mete, dei suoi sentimenti e delle sue intenzioni. Quindi vi devono essere modelli accurati di sé e dell'altro, continuamente aggiornati con una comunicazione verbale e non verbale libera tra genitore e figlio e una buona sintonizzazione affettiva[55]. La capacità di sintonizzarsi emotivamente, infatti, permette al bambino di comunicare i propri bisogni e sviluppare la capacità di distinguere il mondo interno dalla realtà esterna e al *caregiver* di rispondere empaticamente alle sue sollecitazioni. Il senso di sicurezza nell'infante sarà allora rafforzato e l'alternarsi tra stati emotivi positivi, gradualmente amplificati, e negativi, modulati dal genitore, condurrà allo sviluppo completo del senso di continuità del Sé (Stern,

---

[55] Daniel Stern definisce la sintonizzazione affettiva come una "forma particolare di comportamento in risposta al comportamento affettivo-comunicativo dell'altro. Proprio come l'imitazione è una fedele riproduzione delle azioni manifeste dell'altro, la sintonizzazione affettiva è una fedele riproduzione di ciò che si ritiene che l'altro provi durante queste azioni. A tal fine, è necessario che la sintonizzazione imiti solo le dinamiche temporali nell'intensità, nella forma e nel ritmo del comportamento altrui, ma in una modalità o ad un livello differente. In tal modo, il referente della sintonizzazione non sono le azioni reali dell'altro (come avviene nell'imitazione), ma i sentimenti espressi dalle azioni. La sintonizzazione è un'imitazione interiore dell'esperienza vissuta (presumibilmente) dall'altro, non del modo in cui questa si manifesta nell'azione" (Stern, 2004).

1985/1987). Anche per Ferenzci (1932a) l'aspetto davvero dannoso delle precoci esperienze negative sembra non essere l'esperienza in se stessa, quanto l'"abbandono emozionale" del genitore in un momento di grande bisogno del bambino. Nell'ottica ferencziana, un bambino riesce a superare quasi qualsiasi cosa se ha vicino qualcuno con cui condividere la paura e il dolore. È in questi campi che i *caregivers* dei bambini con attaccamento sicuro riescono meglio e quelle dei bambini insicuri sono più carenti (Ainsworth, Bell e Stayton, 1971). Sempre in un'ottica di psicologia relazionale, Paula Heimann (1975) introduce l'espressione "vietato l'ingresso" (in inglese: *"no entry"*) al fine di indicare una situazione infantile in cui un genitore ha rifiutato le comunicazione verbale e non verbale del bambino e ha intruso un Io infantile "inerme di fronte alla sua intrusione, non essendo ancora operante la funzione di barriera antistimoli" (Heimann, 1965, p. 279). Un *no entry* del genitore rappresenta un trauma per il bambino, che per mantenere la relazione introietterà le qualità negative dell'adulto. La conclusione è che l'eziologia del conflitto intrapsichico, che Freud (1922) considerava il problema cruciale da risolvere, viene ricondotta alle prime relazioni madre e infante. Se un *caregiver* risponde solo a certe comunicazioni emotive del bambino, e ne ignora o ne scoraggia altre, viene a formarsi nell'infante uno schema per cui questi riconosce solo gli aspetti del sé che hanno avuto risposte favorevoli da parte dei genitori (Blehar, Lieberman e Ainsworth, 1977). Infatti, se un *caregiver* non dà ascolto all'infante e continua ad appoggiare una realtà che contraddice le percezioni del figlio, quest'ultimo, per mantenere la relazione, accetterà la realtà come presentata dai genitori al prezzo di una dissociazione[56] tra le sue percezioni e i corrispondenti pensieri ed emozioni (Faribairn, 1944).

A tal proposito, la Main ha evidenziato una forte correlazione tra come un *caregiver* descrive la propria relazione con i genitori durante l'infanzia e lo schema di attaccamento che il suo bambino ha adesso con lui (Morris, 1981; Ricks, 1985; Main, Kaplan e Cassidy, 1985). Infatti, mentre la madre di un infante sicuro è capace di parlare con libertà e con emotività della propria infanzia, la madre di un bambino insicuro non ne è in grado. Gli studi che hanno portato all'identificazione di un forte legame transgenerazionale tra il modello operativo interno del genitore e lo specifico *pattern* di attaccamento del bambino rilevato con la *Strange Situation* sono stati resi possibili soprattutto grazie all'*Adult Attachment Interview* (AAI) (tab. 2.1). Si tratta di un'intervista semistrutturata somministrata all'adulto, che ha come scopo far emergere i ricordi delle esperienze di attaccamento, sia sotto forma di descrizioni generali, sia come episodi specifici.

---

[56]   "[U]n processo mentale attivo attraverso il quale dei contenuti mentali inaccettabili [...] vengono isolati dalla consapevolezza della persona senza per questo motivo cessare di esser mentali" (Fairbairn, 1952b).

Il comportamento di attaccamento dell'adulto, in questo caso del genitore, si classifica in quattro categorie (Main, Kaplan e Cassidy, 1985).

Il *caregiver* libero-autonomo è colui che si mostra capace di parlarne della propria infanzia con prontezza e dettagliatamente, sia degli eventi felici che possono essere capitati, sia di quelli infelici. Vi sono adulti che riferiscono di avere avuto un'infanzia molto infelice, che hanno, però, bambini che mostrano un attaccamento sicuro nei loro confronti. Una caratteristica comune a tutti questi *caregivers* è che, nonostante descrivano di aver subito molti rifiuti da piccoli e alle volte piangano anche mentre lo raccontano, ognuno di loro è in grado di parlare della propria storia in modo fluido e coerente. Nella narrazione, gli aspetti positivi delle proprie esperienze, quali che furono, sembrano essere stati integrati con gli aspetti negativi. Alla luce di queste scoperte, la Main e colleghi hanno concluso che il libero accesso alle informazioni rilevanti per il processo di attaccamento e la loro coerente organizzazione svolgono un ruolo determinante per lo sviluppo di una personalità libera-autonoma in età adulta, capace di essere per il figlio una figura di attaccamento sicura.

Il genitore distanziante è colui che dichiara in modo distaccato e generico di aver avuto un'infanzia felice, senza essere non solo in grado di fornire particolari a sostegno di questa affermazione, ma riferendo episodi che puntano in una direzione diversa. Spesso, una madre distanziante insiste nel dire che non riesce a ricordarsi niente della sua infanzia e del modo in cui è stata trattata.

Il *caregiver* invischiato-preoccupato è quella persona che descrive una relazione difficile e infelice con la propria madre, una relazione in cui, chiaramente, il soggetto è ancora coinvolto o mentalmente o nella realtà di tutti i giorni e che lo disturba molto.

Il genitore non risolto fornisce una descrizione dell'infanzia come molto traumatica. Inoltre, i traumi relativi all'attaccamento, come lutti o abusi sessuali o fisici, non sono stati elaborati. Ad esempio, l'adulto che ha subito la perdita di una figura di attaccamento può sentirsi responsabile della sua morte o sottilmente indicare la credenza che la persona sia ancora viva (Gorge, Kaplan e Main, 1984).

Genitore	Bambino
Libero-autonomo (F- free)	Sicuro
Distanziante (Ds-dismissing)	Evitante
Invischiato-Preoccupato (E-entangled)	Ansioso-ambivalente
Non risolto (U-unresolved)	Disorganizzato

Tab. 2.1 Corrispondenza tra gli schemi di attaccamento del genitore e del bambino (Main, Kaplan e Cassidy, 1985).

Basandosi sulle suddette considerazioni, la Main ha cercato di comprendere cosa rendesse possibile a un *caregiver* libero-autonomo la trasmissione di un attaccamento sicuro al bambino. La Main sostiene che un genitore libero-autonomo abbia buone capacità metacognitive[57] e che ne promuova lo sviluppo anche nel bambino (Main, 1991).

Gli esseri umani sono forse gli unici a cercare di comprendersi in termini di stati mentali: pensieri, sentimenti, desideri, credenze, al fine di attribuire significato all'esperienza e poter anticipare le reciproche azioni (Dennett, 1987). E' evidente che attribuendo uno stato cognitivo o emotivo agli altri rendiamo il nostro comportamento comprensibile a noi stessi. Ad esempio, quando il bambino è in grado di attribuire il comportamento apparentemente distaccato e non responsivo della madre al suo (di lei) stato depressivo, piuttosto che alla propria cattiveria o alla propria incapacità di suscitare attenzione, è protetto dalle ferite narcisistiche. Ancora più cruciale è, forse, la capacità del bambino di sviluppare rappresentazioni degli stati mentali, emotivi e cognitivi, che organizzino il suo comportamento nei confronti di chi si occupa di lui (Main, 1991).

Fonagy, basandosi sui lavori della Main, ha indagato ulteriormente il ruolo delle capacità metacognitive nella trasmissione di un tipo di attaccamento dal genitore al figlio. Fonagy, diversamente dai teorici dell'attaccamento, ha concentrato la sua attenzione sul comprendere come il primo ambiente relazionale sia fondamentale per fornire al bambino la possibilità di sviluppare capacità metacognitive, di mentalizzazione.

La capacità di mentalizzazione riguarda il riuscire di vedere stessi e le altre persone in termini di stati mentali (sentimenti, convinzioni, intenzioni e desideri) e di pensare ai propri e altrui comportamenti in termini di stati mentali, attraverso un processo che viene normalmente definito

---

[57]   "[C]omprendere la natura meramente rappresentazionale del proprio pensiero (e di quello degli altri)" (Main, 1991, p. 128).

46

riflessione. Tale processo è intersoggettivo: il bambino giunge a conoscere la mente del genitore grazie al fatto che il genitore cerchi di comprendere e contenere gli stati mentali del bambino. Nel comportamento della madre, il bambino percepisce non solo la sua attitudine di riflessività, che egli inferisce allo scopo di spiegare il comportamento del genitore, ma percepisce anche, nell'attitudine del *caregiver*, una immagine di se stesso come in grado di avere pensieri, desideri emozioni, sentimenti e percezioni. Egli vede che il genitore ha di lui una rappresentazione come essere intenzionale. E' questa rappresentazione che viene internalizzata per formare il Sé. La solidità di questa capacità metacognitiva determina non solo la natura della realtà psichica dell'individuo, ma anche la qualità e la coerenza della parte riflessiva del Sé, che si ritiene ne costituisca il nucleo strutturale. Questa capacità può dare un contributo decisivo alla regolazione affettiva, al controllo degli impulsi, all'automonitoraggio e all'esperienza di Sé come soggetto agente. Permette, inoltre, di distinguere la realtà interna da quella esterna[58] (Fonagy, 1991).

Partendo da questi presupposti, Fonagy e colleghi hanno deciso di indagare, con l'AAI, se il numero di osservazioni auto-riflessive dei genitori sui propri stati mentali e su quelli degli altri potesse predire la sicurezza del bambino. I punteggi relativi alla riflessività del Sé si sono rivelati affidabili e un buon indice predittivo prenatale del comportamento del bambino nella *Strange Situation*. Sia i padri che le madri che avevano ottenuto un punteggio elevato in questa capacità avevano una probabilità tre o quattro volte maggiore di avere dei figli con attaccamento sicuro rispetto ai genitori con limitata capacità riflessiva (Fonagy, Steele, Moran, Steele e Higgitt, 1991). Inoltre, ripetizioni generazionali di precoci esperienze negative possono essere eliminate, e il ciclo svantaggioso interrotto, se il genitore acquisisce la capacità di rappresentare e riflettere in modo soddisfacente sull'esperienza mentale (Fonagy e Target, 1994).

2.2 Il Disturbo Borderline di Personalità e l'attaccamento

Il Disturbo Borderline di Personalità si configura come

---

[58]   Il bambino può acquisire pienamente tale teoria della mente solo a quattro anni di età. Prima che questo accada, il senso della realtà psichica nel bambino molto piccolo ha una doppia caratteristica: egli opera generalmente in una modalità di equivalenza psichica, in cui le idee non sono sentite come rappresentazioni, ma sono repliche dirette della realtà, e quindi sono sempre vere; in altri momenti, utilizza invece la modalità del far finta, in cui le idee sono sentite come rappresentazioni e la loro corrispondenza con la realtà non è esaminata. In un quadro evolutivo normale, il bambino integra queste due modalità per giungere alla mentalizzazione, in cui i pensieri e i sentimenti sono percepiti in qualità di rappresentazioni, riconoscendo il legame esistente tra realtà interna e realtà esterna, così come la distinzione tra le due (Fonagy, 1991).

"una modalità pervasiva di instabilità delle relazioni interpersonali, dell'immagine di sé e dell'umore
e una marcata impulsività" (APA, 2000b/2002, p. 319)

I pazienti con BPD sembra che abbiano, invece di un Io integrato con funzioni di auto-osservazione, diversi "stati dell'Io", condizioni mentali in cui si sentono e si comportano in un certo modo, spesso non percependo il contrasto con il modo in cui sentono e si comportano in altre occasioni. (Stone, 1954).

Winnicott (1965) sostiene che i pazienti borderline abbiano avuto *caregivers* non "sufficientemente buoni" e di conseguenza abbiano sviluppato un falso Sé. Il vero Sé, nucleo della personalità, è la potenzialità ereditata di sentire la continuità dell'esistenza e di acquisire a modo proprio e con un proprio ritmo una realtà psichica e uno schema corporeo personali. L'isolamento del vero Sé è necessario per lo stato di salute: ogni minaccia precoce all'isolamento del vero Sé costituisce una grossa angoscia, e le difese della primissima infanzia sembrano legate ai fallimenti da parte delle cure materne nel proteggere dagli urti che potrebbero disturbare questo isolamento. Questi urti, con un *caregiver* "sufficientemente buono", vengono affrontati e inglobati dall'infante nell'area della propria onnipotenza; la spontaneità del vero Sé viene così collegata agli eventi del mondo esterno cosicché il bambino possa cominciare a godere l'illusione del controllo onnipotente per poi giungere a riconoscere l'elemento illusorio. La madre non sufficientemente buona, invece, non è capace di sostenere l'onnipotenza del figlio, e così fallisce ripetutamente nel rispondere al suo gesto; essa vi sostituisce invece il proprio gesto chiedendo al bambino di dare a esso un senso tramite la propria condiscendenza. Questa condiscendenza è lo stadio primario precoce del falso Sé, e dipende dall'incapacità della madre di presentire ai bisogni del figlio. Il falso Sé ha una funzione positiva e molto importante: quella di nascondere il vero Sé, cosa che attua mostrandosi compiacente verso le richieste ambientali. Tuttavia, nei casi di estremo sviluppo del falso Sé, il vero Sé è così ben nascosto che la spontaneità non è un aspetto delle esperienze vitali dell'infante, dominate dalla compiacenza e dall'imitazione. Il falso Sé è, quindi, una difesa contro il possibile sfruttamento e annientamento del vero Sé. L'eventualità che il vero Sé venga sfruttato e annientato si verifica nella vita di un bambino la cui madre non solo non sia stata sufficientemente buona, ma che sia stata ora buona ora cattiva con grande discontinuità.

Winnicott (1965) così classifica I livelli di patologia del falso Sé:

1. A un polo estremo: il falso Sé si costituisce come reale e chi osserva tende a considerarlo la persona reale. Il vero Sé è nascosto.

2. Livello meno grave: il falso Sé difende il vero Sé, ma a quest'ultimo è riconosciuto come potenziale e gli è permessa una vita segreta. Winnicott considera questo livello come un ampliamento del concetto psicoanalitico del valore dei sintomi per la persona malata.

3. Il falso Sé ha come preoccupazione principale la ricerca di condizioni tali da permettere al vero Sé di venire alla luce. Se queste condizioni non vengono trovate, allora si riorganizza una nuova difesa per proteggere il vero Sé. Se anche questa difesa risulta fallace, è possibile che l'individuo tenti il suicidio. In questo caso, il suicidio viene visto come la distruzione del Sé totale al fine di evitare l'annientamento del vero Sé.

4. Livello più vicino alla salute: il falso Sé si forma sulla base delle identificazioni con i *caregivers*.

5. Nello stato di salute: il falso Sé è rappresentato dall'atteggiamento sociale educato. L'individuo, grazie al falso Sé, riesce ad ottenere il vantaggio di avere un posto nella società che il vero Sé da solo non potrebbe mai conquistare e conservare.

Un caso particolare risulta essere quello di un falso Sé che si organizza in un individuo che ha un alto potenziale intellettuale. In questo caso vi sono molte probabilità che l'intelletto diventi la sede del falso Sé e che si formi una dissociazione tra attività intellettuale ed esistenza psicosomatica (Winnicott, 1949).

Per Ferenczi (1932a), un bambino deprivato fisicamente e psichicamente, per evitare il sentimento di non esistenza, si identifica con il genitore "aggressore" e opera inconsciamente una dissociazione della sua personalità: "la fa impazzire per non farla morire" (Borgogno, 2004, p. 33).

Alcuni bambini deprivati sviluppano anche precoci facoltà di intelligenza e saggezza, fino a farsi carico dei problemi e dei fallimenti dei genitori. Infatti, in questi infanti si possono identificare due parti interne dissociate: la componente emozionale regredita, che è stata distrutta per omologarsi ai pensieri, emozioni e percezioni dell'aggressore, e la componente intellettuale progredita, che osserva la distruzione. Ferenczi definisce questi bambini *wise babies*, o "poppanti saggi". Secondo l'Autore, la scissione tra aspetti buoni e cattivi e la mancata integrazione del sé, tipica di un paziente borderline, ha origine nella suddetta dissociazione precoce di un bambino deprivato della "tenerezza" dei suoi genitori.

Kohut (1971; 1977) formula una nuova teoria dello sviluppo del Sé e della sua possibile distorsione. Egli ipotizza l'esistenza, sin dalla nascita, di un Sé nucleare: un Sé arcaico con potenzialità innate che vengono favorite od ostacolate dalle relazioni che instaura con gli oggetti-Sé[59], rappresentati dalle figure parentali. Per l'Autore esiste uno sviluppo della personalità narcisistico che ha inizio da uno stato originario di grandiosità arcaica per giungere a un narcisismo più evoluto, sano e costruttivo, su cui si fondano l'autostima e le sane aspirazioni. La psicopatologia narcisista, a livello di gravità borderline-psicotico, deriva essenzialmente dal fallimento traumatico della funzione empatica materna e dal fatto che i processi di idealizzazione non hanno avuto uno sviluppo indisturbato.

Kernberg (1975) tenta un'integrazione tra il modello strutturale freudiano e quello delle relazioni oggettuali. Egli, infatti, considera che lo psichismo infantile sia guidato dalle pulsioni, ma al contempo che queste siano costituite e attivate dagli affetti. Gli affetti sono strutture psicofisiologiche automatiche fin dalla nascita, che si costituiscono come strutture di memoria della relazione con il soggetto. Quindi, a differenza di quanto sostenuto da Freud, il Sé dell'infante non può esistere al di fuori di una relazione con un oggetto. All'interno della relazione madre-bambino si strutturano rappresentazioni indifferenziate del Sé e dell'oggetto, che successivamente si

---

[59]   Gli oggetti-Sé sono delle rappresentazioni arcaiche dell'oggetto investito di libido narcisista e intimamente connesso al Sé nucleare arcaico onnipotente, definito "Sé grandioso". Gli oggetti Sé svolgono due funzioni fondamentali.
    La prima è la funzione parentale riflettente, che prevede che l'oggetto-Sé riflettente funga da specchio dove il bambino possa vedere riflessa la sua fantasticata onnipotenza e grandiosità. Se il genitore manifesta accettazione e orgoglio davanti a manifestazioni di onnipotenza dell'infante, faciliterà un'introiezione trasmutante positiva e quindi la strutturazione di un Sé sano e coesivo. Una carenza in tale funzione può portare allo sviluppo di psicopatologie del Sé.
    La seconda è la funzione di accoglimento ed è svolta dall'oggetto-Sé idealizzato. Il bambino ha bisogno di formare un'immagine idealizzata di almeno uno dei due genitori e di fondersi con essa, per sentirsi al riparo dall'angoscia attraverso la percezione inconscia della calma dell'oggetto di fronte ai pericoli esterni. Infatti, in questa fase l'infante esperisce gli stati emotivi dell'oggetto come se fossero i propri. Se l'oggetto non è in grado di rapportarsi empaticamente o esperisce sentimenti negativi, il bambino è coinvolto in una fusione nociva da cui tenta di fuggire con esiti spesso autodistruttivi (Kohut, 1971).

andranno a differenziare formando gradualmente un mondo complesso di relazioni oggettuali interiorizzate, con coloritura piacevole o spiacevole. Per Kernberg, i pazienti con organizzazione di personalità borderline hanno superato la fase di indifferenziazione Sé-oggetto, ma sono rimasti fissati alla sottofase mahleriana di riavvicinamento. Questo porta i pazienti ad avere alternativamente il desiderio di stare molto vicino a una figura di riferimento o di evitala, per il timore di essere abbandonati. L'Autore ipotizza che la causa sia un *caregiver* che gratifica eccessivamente e, alternativamente, frustra eccessivamente la pulsione di avvicinamento-allontanamento del bambino (Kernberg, Selzer, Koenigsberg, Carr e Appelbaum, 1987).

Con la teoria dell'attaccamento si è andato accantonando il concetto di pulsione e di un primo momento di indifferenziazione Sé-oggetto, per sottolineare l'importanza delle esperienze di cura infantili nella costruzione dei MOI, che influenzeranno l'organizzazione delle aspettative, dei sentimenti, dei comportamenti e delle difese del soggetto dall'infanzia all'età adulta. Bowlby (1980/1983) assume una posizione teorica molto simile a quella di autori che hanno un orientamento psicodinamico (Ferenczi, 1932a,b; Sullivan, 1953/1962; Stern 1997) e teorizza che la dissociazione infantile di particolari informazioni in modo sistematico e per un tempo prolungato abbia conseguenze psicopatologiche. Secondo Bowlby può accadere che i bambini vengano puniti dai *caregivers* per le loro richieste di vicinanza, le proteste e i pianti. Se questa situazione di contrasto è ricorrente, per evitare gravi conflitti con i genitori, si può verificare nell'infante una disattivazione del sistema di attaccamento e l'esclusione difensiva dei pensieri e dei sentimenti che lo potrebbero riattivare. "Ne risulta uno stato di distacco emotivo, che può essere parziale o totale" (Bowbly, 1980/1983, p. 91). In tal modo, Bowlby teorizza una molteplicità funzionale e adattiva dei MOI, che sottopone i suoi processi al servizio della formazione di strutture difensive[60] nelle situazioni di attaccamento traumatico.

> "la maggior parte dei bambini non vuol vedere i propri genitori in una luce troppo cattiva [… e quindi può succedere che] un paziente fornisce un quadro fuorviante della famiglia perché non sa bene come stiano le cose. Sembra probabile che quest'ultima considerazione si venga a creare in una persona se essa dall'infanzia in poi è obbligata ad accettare informazioni sistematicamente false sulle figure familiari, sulle loro motivazioni e sui loro rapporti […]. Per una minoranza di bambini […] i dati che li raggiungono da fonti diverse possono essere ragionevolmente incompatibili […] in tal caso, l'informazione che raggiunge il bambino da parte del suo genitore non solo è sistematicamente

---

[60] Successivamente queste strutture difensive vengono definite come MOID, ossia Modelli Operativi Interni Dissociati (Albasi, 2006). I MOID sono simili a quanto descritto come dissociazione strutturale da Bromberg nel 2003, e come Sé dissociato da Pizer nel 1998.

51

distorta, ma è in netto conflitto con quello che egli deduce dalla propria esperienza diretta" (Bowbly, 1973, pp. 395-397).

Questa esclusione difensiva fa si che una reazione o una serie di reazioni di un individuo possano essersi isolate cognitivamente dalla situazione interpersonale, cosicché la persona stessa non sappia il perché delle proprie azioni (Bowbly, 1980/1983).

Il BPD sembra avere alla base un attaccamento insicuro, soprattutto insicuro-ambivalente, o disorganizzato (Bowlby, 1977; 1980/1983; Ainsworth e Bowbly, 1991). Infatti, i MOI di un bambino con attaccamento insicuro o disorganizzato possono rendere conto della disregolazione emotiva e instabilità del concetto di Sé e delle relazioni interpersonali, tipico del paziente borderline (Bowbly, 1973). I *caregiver* vengono delineati come eccessivamente distanti e/o eccessivamente presenti, poco protettivi, che tendono a negare l'affettività del bambino, incoerenti, con tratti di impulsività imprevedibile. Queste caratteristiche creano nel bambino una difficoltà nella comprensione della figura di riferimento, rappresentazioni del Sé con l'altro molteplici, incompatibili e contraddittorie, e una forte angoscia per l'impulsività incontrollata della sua figura genitoriale; la stessa che a volte è disponibile e affettuosa (Liotti, 1999). Coerentemente, Melges e Swartz hanno cercato di spiegare il comportamento dei pazienti con BPD con la metafora dei porcospini: i borderline hanno bisogno di avere qualcuno accanto, ma quando una persona arriva troppo vicino loro si spaventano e se ne vanno (Melges e Swartz, 1989). I pazienti con BPD, infatti, ricercano una figura a cui attaccarsi ma, coerentemente con i loro modelli operativi, sono preoccupati dai rifiuti, dall'ansia e la rabbia che ne potrebbero conseguire (Bowbly, 1979).

Due ricerche, che si sono avvalse dell'AAI, hanno evidenziato una forte relazione tra il BPD e il pattern di attaccamento invischiato o disorganizzato nell'adulto. Si era, infatti, di fronte ad adulti con una teoria della mente particolarmente compromessa, tale da non riuscire a mentalizzare adeguatamente la loro relazione di attaccamento (Patrick, Hobson e Castle, 1994; Fonagy, Leight e Steele, 1996). Inoltre, altri studi hanno evidenziato che adulti con precoci esperienze di perdita, violenza o abusi sessuali e senza *caregivers* capaci di promuovere una buona mentalizzazione dell'accaduto, sono meno inclini a superare gli eventi traumatici e sviluppano più facilmente un Disturbo Borderline di Personalità (Fonagy, 1995; Stalker e Davies, 1995). Questi studi avvalorano la tesi di Fonagy che la psicopatogenesi del BPD sia in relazione con il fallimento della mentalizzazione. È fondamentale comprendere come per uno sviluppo normale sia necessario che il bambino faccia esperienza di una mente che abbia in mente la sua propria mente, consentendogli l'accesso a modalità rappresentazionali che andranno a definire il nucleo fondamentale del proprio senso di Sé in via di sviluppo, fino a divenire egli stesso capace di mentalizzare, una volta interiorizzato il processo. Nel paziente borderline, una compromissione del processo di rispecchiamento genitoriale determina una distorsione della comprensione degli stati mentali, che vengono percepiti come rappresentazioni dirette o equivalenti della realtà, amplificandone l'importanza e l'estensione delle implicazioni. I soggetti borderline, perciò, sono costretti ad accettare un ambiente mentale nel quale le idee sono troppo spaventose per poter essere pensate e i sentimenti troppo intensi per poter essere provati[61]. Col tempo, queste persone rinunciano in modo difensivo alla mentalizzazione. Un fallimento della mentalizzazione rende possibile la comprensione di diversi sintomi del paziente con BPD: in quest'ottica, il senso di Sé disperatamente fragile di questi soggetti può essere letto come una conseguenza dell'incapacità di rappresentarsi i propri sentimenti, credenze e desideri con una chiarezza sufficiente a rappresentarsi come entità mentali. Inoltre, il bisogno del paziente con BPD di sperimentare la presenza continua e concreta dell'oggetto e il suo angoscioso terrore di un abbandono appaiono legati alla sua impossibilità di avere in mente una rappresentazione dell'altro come pensante, presente e affidabile (Fonagy, 2001).

Schore (2002) ha cercato di spiegare la relazione tra attaccamento e regolazione emotiva. L'attaccamento è concettualizzato da Schore come la trasformazione di una regolazione esterna in una regolazione interna. Egli considera questa progressione come un accrescimento della complessità dei sistemi cerebrali in maturazione responsabili della regolazione adattativa delle interazioni tra l'organismo che si sviluppa e l'ambiente sociale. E' la regolazione delle emozioni nell'esperienza diadica madre-bambino che fornisce il quadro di questa maturazione cerebrale. Infatti, per Shore (2003), "l'attaccamento è, essenzialmente, la regolazione diadica dell'emozione". Tuttavia, solo dei legami di attaccamento stabili, e quindi sicuri, possono fornire il quadro di uno sviluppo neurobiologico soddisfacente. La forte disregolazione emotiva, tipica dei pazienti con BPD, è quindi associata a legami di attaccamento insicuri o disorganizzati.

---

[61] I genitori, presumibilmente, hanno "vietato l'ingresso" alle comunicazioni verbali e non verbali del figlio, lasciandogli un mondo interno di introiezioni distruttive ed estranee, non integrate (Heimann, 1965).

2.3 Disturbo Borderline di Personalità, attaccamento e comorbidità

Il Disturbo Borderline di Personalità viene sovente diagnosticato in comorbidità con un altro disturbo dell'Asse I del DSM-IV-TR. In particolare, il BPD è comorbido con Disturbi d'Ansia, Disturbi dell'Umore, Disturbi dell'Alimentazione, Disturbi Correlati a Sostanze. I soggetti borderline che sono più inclini a internalizzare[62] il proprio disagio, la propria angoscia, sono più inclini alla comorbidità con i Disturbi d'Ansia e i Disturbi dell'Umore. I pazienti borderline che esternalizzano[63] maggiormente il proprio dolore spesso sviluppano anche Disturbi dell'Alimentazione e Disturbi Correlati a Sostanze (Barone, 2003; Tomko, Trull, Wood e Sher, 2013).

Nel capitolo precedente, si è evidenziato come l'attaccamento rappresenti un fattore di protezione o di rischio per l'insorgenza del BPD. Infatti, quando le persone percepiscono una minaccia sufficientemente grande, esse reagiscono come facevano nell'infanzia, attivando il sistema di attaccamento e utilizzando strategie per cercare conforto e vicinanza emotiva con una figura di attaccamento. Tuttavia, se le possibili figure di attaccamento vengono percepite come carenti di responsività e disponibilità, come nel caso dei pazienti borderline, i soggetti sperimenteranno una crescente angoscia e attiveranno strategie secondarie.

I pazienti borderline con attaccamento invischiato utilizzano soprattutto strategie iperattivanti, se credono che una ricerca esagerata sia di maggior garanzia per la loro sicurezza. Infatti, mantengono il sistema di attaccamento perennemente attivo, costantemente all'erta e alla ricerca di possibili eventi minacciosi, separazioni o tradimenti, finché non percepiscono la disponibilità della figura di attaccamento (Wallin, 2007).

I pazienti borderline con attaccamento distanziante utilizzano, invece, strategie disattivanti, poiché il rapporto con i loro *caregivers* li ha portati a credere che una ricerca di prossimità sia inutile o addirittura fonte di maggior dolore emotivo (Cassidy e Kobak, 1988).

---

[62]   L'internalizzazione del sintomo racchiude i comportamenti disadattivi interiorizzati e non manifesti (ritiro, disturbi somatici, ansia/depressione) (Campbell, 1995).

[63]   L'esternalizzazione del sintomo riflette la tendenza a manifestare i problemi all'esterno, attraverso comportamenti aggressivi e antisociali (Campbell, 1995).

Vari Autori si sono interrogati sulla possibilità di evidenziare una correlazione tra il comportamento di attaccamento dei soggetti borderline e la comorbidità in Asse I. Hanno ipotizzato che le strategie iperattivanti promuovano l'internalizzazione del disagio, mentre quelle disattivanti l'esternalizzazione (Vollebergh et al., 2001; Kendler, Prescott, Myers e Neale, 2003; Barone e Lionetti, 2013). Le ricerche, svolte utilizzando l'AAI con pazienti borderline comorbidi in Asse I, hanno confermato le precedenti ipotesi. La maggior parte dei soggetti con attaccamento invischiato era comorbido con Disturbi d'Ansia e Disturbi dell'Umore, mentre la maggior parte degli individui con attaccamento distanziante era comorbido con Disturbi dell'Alimentazione e Disturbi Correlati a Sostanze (Dozier, Stovall-McClough e Albus, 2008). I pazienti con BPD e attaccamento disorganizzato alternano in modo disorganizzato sia strategie secondarie iperattivanti che disattivanti, e sono maggiormente comorbidi con i Disturbi Dissociativi (Albasi, 2006).

Capitolo 3. Il Disturbo Borderline di Personalità e i Disturbi Ansioso/Depressivi

3.1 I Disturbi d'Ansia

3.1.1 Dati epidemiologici

I Disturbi d'Ansia sono una risposta sintomatica a un'angoscia-segnale, conscia o inconscia.

Il segnale d'angoscia è un termine introdotto da Freud (1926) per designare un dispositivo azionato dall'Io dinnanzi a una situazione di pericolo in modo da evitare di essere sopraffatto dall'afflusso delle eccitazioni interne e/o esterne. Il segnale d'angoscia riproduce, in forma attenuata, la reazione d'angoscia vissuta originariamente in una situazione traumatica[64]. Questo segnale è, quindi, "simbolo mnestico[65]" o "simbolo affettivo" di una situazione che non è ancora presente e che bisogna evitare.

I clinici orientati in senso psicodinamico differenziano il pericolo potenziale da quello presente, valutano il pericolo in base alla riposta al pericolo stesso e distinguono una risposta ansiosa adattiva davanti a un pericolo reale da una risposta ansiosa disadattiva attivata dall'aspettativa di una catastrofe. In quest'ultimo caso, si può definire l'ansia come un complesso sintomatologico che incide negativamente sulle attività quotidiane, sulle relazioni interpersonali e sulla salute sia psichica che fisica dell'individuo.

I disturbi d'ansia sono tra le patologie più diffuse presso la popolazione generale, con percentuali comprese tra il 2 e il 5% (Reich, 1986).

---

[64] Il trauma è un evento della vita del soggetto caratterizzato da particolare intensità, dall'incapacità del soggetto a rispondervi adeguatamente, dalla viva agitazione e dagli effetti patogeni durevoli che esso provoca nell'organizzazione psichica. Per Freud, in termini economici, il trauma è caratterizzato da un afflusso di eccitazioni che è eccessivo rispetto alla tolleranza del soggetto e alla sua capacità di dominare e di elaborare psichicamente queste eccitazioni (Laplanche e Pontalis, 1967).

[65] Alla fine del diciannovesimo secolo, Freud cerca di indagare il trauma infantile rimosso, fino a quando non comincia a dubitare che gli eventi riferiti dalle sue pazienti isteriche siano realmente avvenuti. Quindi capisce che a ricoprire il ruolo traumatico non doveva essere necessariamente un avvenimento reale, ma una rappresentazione infantile di natura sessuale non adeguatamente rimossa perché eccessiva, intollerabile. I sintomi si configurano, quindi, come simboli di fatti psichici: "sostituiscono e rappresentano il fatto psichico", veicolano un messaggio e, per di più, tale produzione simbolica partecipa alla relazione tra analista e paziente. Trattando il caso di Elisabeth Von R. (1892) in particolare, Freud elabora l'equazione sintomo = simbolo mnestico.

I dati ECA (*Epidemiologic Catchment Area*), diffusi in USA nel febbraio 2010 (United States Department of Health and Human Services), riportavano che il 6% degli uomini e il 13% delle donne soffrivano di ansia. Con l'eccezione del disturbo ossessivo-compulsivo e, forse, della fobia sociale, le donne hanno un rischio due volte superiore a quello degli uomini di sviluppare un disturbo d'ansia. Questo per molte ragioni, tra cui i fattori ormonali, pressioni sociali affinché le donne soddisfino i desideri altrui prima dei propri e maggior propensione a parlare della propria ansia con medici e terapeuti (PDM Task Force, 2006).

In particolare, la prevalenza di un qualunque disturbo d'ansia negli statunitensi è pari al 16.4%, del disturbo di panico all'1.6%, della fobia sociale al 2.0%, dell'ansia generalizzata (GAD) al 3.4%, dell'agorafobia al 4.9%, della fobia semplice all'8.3%, del disturbo ossessivo compulsivo al 2.4%, del disturbo post traumatico da stress al 3.6%.

L'ESEMeD (*European Study on the Epidemiology of Mental Disorders*), nel 2004, ha riportato la prevalenza dei disturbi mentali in Italia, Belgio, Francia, Germania, Olanda e Spagna come da seguente tabella. Nel confronto con gli altri Paesi dello studio, e in particolare la Francia, la prevalenza negli italiani si rilevava tendenzialmente più bassa per tutti i disturbi mentali (Tab. 3.1).

	Italia	Belgio	Francia	Germania	Spagna	Olanda	Tab. 3.1
Ogni disturbo mentale	7,3	11,5	14,5	8,9	11,8	8,5	
Ogni disturbo affettivo	3,5	5,9	6,7	3,3	5,5	4,4	
Ogni disturbo d'ansia	5,1	7,1	9,8	6,3	7,6	5,5	
Ansia generalizzata	0,5	1,1	2,0	0,5	1,0	1,0	
Fobia sociale	1,0	1,0	1,7	1,3	1,2	0,7	
Fobia specifica	2,7	3,4	4,7	4,1	2,6	3,0	
DPTS	0,8	0,9	2,2	0,7	2,4	0,6	
Agorafobia	0,4	0,2	0.6	0,5	0,5	0,3	
Disturbo da panico	0,6	1,7	1,2	0,7	1,7	0,7	

Prevalenza percentuale dei disturbi d'ansia in Italia a un anno a confronto con altri paesi europei (ESEMeD, 2004).

Focalizzandosi più nello specifico sull'Italia, dalle ricerche dell'ESEMeD risulta che poco più di un italiano su cinque soffre di un disturbo mentale nel corso della sua vita, mentre uno su quindici di un disturbo mentale nei 12 mesi precedenti e che circa l'11% ha dichiarato un disturbo affettivo o un disturbo d'ansia nella sua vita, mentre in percentuale minore un disturbo da abuso/ dipendenza da alcool. Per quanto riguarda le fobie specifiche, il 6% circa risponde ai criteri diagnostici nel corso della vita, mentre poco meno del 3% nei 12 mesi precedenti. Oltre la depressione e le fobie specifiche, altri disturbi, abbastanza comuni nel corso della vita, sono risultati la distimia e il disturbo dell'ansia generalizzata (Tab.3.2).

	Prevalenza a 12 mesi %			Prevalenza nel corso della vita %		
	Maschi	Femmine	Totale	Maschi	Femmine	Totale
Ogni disturbo mentale	3,9	10,4	7,3	11,6	24,2	18,3
Ogni disturbo affettivo	2,0	4,8	3,5	7,2	14,9	11,2
Ogni disturbo d'ansia	2,2	7,8	5,1	5,5	16,2	11,1
Ansia generalizzata	0,1	0,9	0,5	0,8	3,0	1,9
Fobia sociale	0,6	1,4	1,0	1,6	2,6	2,1
Fobia specifica	0,5	4,6	2,7	2,5	8,6	5,7
DPTS	0,7	0,9	0,8	1,1	3,3	2,3
Agorafobia	0,1	0,7	0,4	0,6	1,7	1,2
Disturbo da panico	0,3	0,9	0,6	0,9	2,2	1,6

Tab. 3.2 Prevalenza percentuale e intervalli di confidenza dei disturbi d'ansia in Italia (ESEMeD, 2004).

In conclusione, ho svolto un'indagine epidemiologica, presso l'ASL TO1, dei Disturbi d'Ansia nell'ultimo decennio, dal 01/01/2002 al 31/12/2012. Qui di seguito viene riportano il grafico risultante.

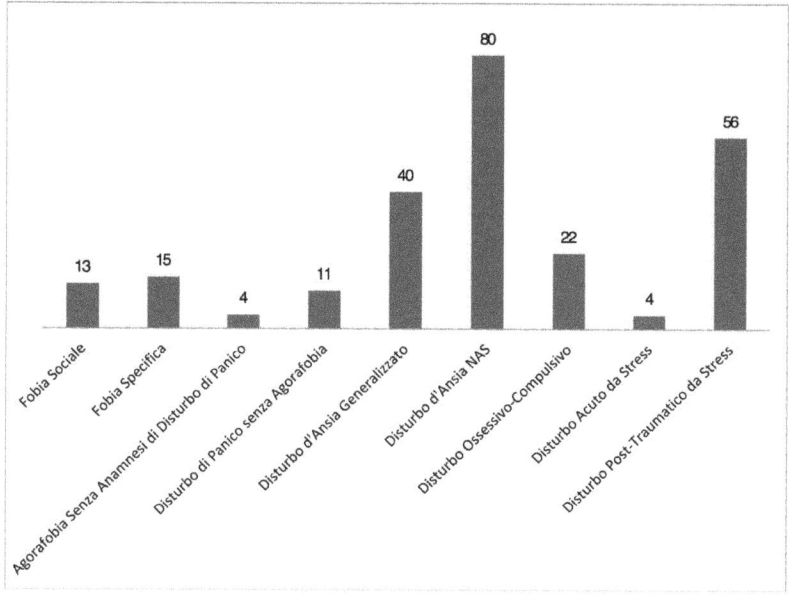

Tab. 3.3 Epidemiologia dei Disturbi d'Ansia: sull'asse delle ascisse è riportato il nome del disturbo e sull'asse delle ordinate il numero dei pazienti con tale diagnosi.

3.1.2 Prospettiva diagnostica del DSM-IV-TR (descrittiva)

I disturbi d'ansia, come precedentemente accennato, racchiudono un insieme di quadri sintomatologici che nella tradizione psichiatrica e psicoanalitica rientravano sotto la denominazione di nevrosi. Quest'ultima è un'affezione psicogena in cui i sintomi sono l'espressione simbolica di un conflitto psichico, che ha le sue radici nella storia infantile del soggetto e costituisce un compromesso tra il desiderio e la difesa (Laplanche e Pontalis, 1967).

> "[I]l meccanismo di formazione di sintomo coincide con quello della rimozione? Allo stato attuale delle cose è possibile ammettere che i due meccanismi si differenzino, che non sia la rimozione come tale a produrre formazioni sostitutive e sintomi, ma questi ultimi, in quanto indizi di un ritorno del rimosso, abbiano bisogno di processi del tutto diversi." (Freud, 1915, pp. 159-160)

Fino alla terza edizione del DSM, veniva utilizzato il termine disturbo nevrotico per indicare:

"Un disturbo mentale in cui il disordine principale è un sintomo o un gruppo di sintomi che angustiano il soggetto e che vengono riconosciuti dal soggetto stesso come inaccettabili ed estranei (egodistonici); il giudizio di realtà è nel complesso intatto." (APA, 1980)

A oggi, il DSM-IV-TR (2000) ha eliminato il termine "nevrosi", ponendo i sintomi nevrotici in diverse categorie diagnostiche. Tra queste vi sono i disturbi d'ansia, che per il DSM si codificano in Asse I e comprendono i disturbi seguenti:

- Disturbo d'ansia dovuto a una condizione medica generale
- Disturbo d'ansia indotto da sostanze
- Disturbo d'ansia non altrimenti specificato (NAS)
- Disturbo d'ansia generalizzato
- Disturbo di panico senza agorafobia
- Disturbo di panico con agorafobia
- Agorafobia senza storia di disturbo di panico
- Fobia sociale
- Fobia specifica
- Disturbo ossessivo-compulsivo
- Disturbo acuto da stress
- Disturbo post-traumatico da stress

3.1.3 Prospettiva diagnostica del PDM (dimensionale)

I disturbi d'ansia, per quanto concerne l'età adulta, sono descritti nel PDM nell'asse S[66]. L'asse S si basa sulla descrizione dei sintomi presenti nel DSM-IV-TR e cerca di illustrare l'esperienza soggettiva che i pazienti hanno dei diversi pattern sintomatici, considerando il rapporto con il loro contesto evolutivo di appartenenza. Rappresenta la soggettività dei pazienti in termini di pattern affettivi, contenuti mentali, stati somatici e pattern relazionali. L'asse S viene considerato dopo gli assi P e M perché i suoi disturbi possono essere compresi solo nel contesto della struttura complessiva della personalità di un paziente e del profilo del suo funzionamento mentale.

I disturbi d'ansia sono così codificati:

* Disturbi d'ansia.

* Traumi psichici e disturbi post-traumatici da stress.

* Fobie.

* Disturbi ossessivo-compulsivi.

Analizziamoli ora nel dettaglio.

Disturbi d'ansia

Gli **stati affettivi** sono connessi, secondo Freud (1926), a quattro situazioni di pericolo di base. In primo luogo, la perdita di un altro significativo. Questo porterebbe a sentimenti di abbandono, espressi con ansia, rabbia, depressione, sensi di colpa. In secondo luogo, la perdita dell'oggetto d'amore, con conseguenti sentimenti di rifiuto, ansia, depressione, senso di colpa, sensazione di essere privi di valore e/o impossibili da amare. In terzo luogo, la paura di perdere la propria integrità corporea, associata spesso a paure di mutilazione o di danno agli organi genitali. In quarto luogo, pericolo della perdita della conferma della propria coscienza morale. Questo può portare a

---

[66] L'asse P, l'asse M e l'asse S riguardano le persone di età adulta; hanno il loro corrispettivo negli assi PCA, MCA e SCA, che riguardano bambini e adolescenti.

sentimenti di ansia, senso di colpa, vergogna, percezione di perdere la propria autoregolazione. Se l'ansia associata a queste situazioni di pericolo di base è fuori controllo, si può provare un senso di annichilimento.

I **pattern cognitivi** spesso prevedono: grande confusione, distraibilità, difficoltà di pensare, paure pervasive specifiche e aspecifiche, eccessivo stato di allerta. Paura di perdere la persona da cui si pensa di dipendere e senza la quale si crede di essere in grande pericolo. Tipica è la paura di avere paura: il soggetto tende poi ad evitare alcune situazioni per paura di avere altri attacchi d'ansia o di panico.

Gli **stati somatici** possono includere eccessiva sudorazione, batticuore, mal di testa, nausea, necessità impellente di mingere o defecare, mancanza di respiro, parestesie, sensazione di essere disconnessi dal proprio corpo.

I **pattern relazionali** includono espressioni o conflitti pertinenti alla sfera della dipendenza: necessità di vicinanza e rassicurazione o bisogno di restare da soli e rifiutare gli altri. Sono spesso presenti anche espressioni o conflitti inerenti alla sfera del senso di colpa; ad esempio accusare, incolpare e rifuggire a propria volta da ogni possibile accusa.

Traumi psichici e disturbi post-traumatici da stress

"Quando un trauma scuote quelli che erano stati fino ad allora i fondamenti della sua esistenza, un individuo subisce una tale scossa da perdere ogni interesse per il presente e il futuro e da rimanete assorbito psichicamente dal passato in maniera durevole." (Freud, 1915-1917, p. 438).

La risposta al trauma varia a seconda dello stato fisico e mentale del soggetto, delle risorse della sua personalità e degli effetti della precedente storia traumatica.

Gli **stati affettivi** prevedono ansia, panico, preoccupazione ossessiva, sentimenti ingestibili e soverchianti come rabbia, terrore e vergogna per aver subito il trauma o una dissociazione degli affetti, manifestata con ottundimento, senso di vuoto e incapacità di riferire i sentimenti disturbanti con gli eventi che li hanno provocati. I traumi della prima infanzia interferiscono con la maturazione affettiva e con la differenziazione e verbalizzazione dei sentimenti (Krystal, 1988). I traumi subiti in età adulta, invece, possono indurre a una regressione nell'esperienza e nella gestione degli affetti.

I **patter congitivi** prevedono: falshback, incubi ricorrenti, un forte denso di tradimento, senso di colpa per le azioni fatte o non fatte, senso di colpa del sopravvissuto (essere sopravvissuti mentre gli altri sono morti), distaccarsi dall'ansia come meccanismo di difesa. Vi è inoltre spesso un'incapacità di pensare agli eventi traumatici: dissociazione totale, parziale o ricorrente, al contrario vi può essere una sensazione di impotenza nel non riuscire a pensare ad altro (Terr, 1995). E ancora: sviluppo di teorie per spiegare come avrebbero potuto evitare il trauma, sviluppo di teorie per spiegare come il trauma è colpa di altre persone (anche se si è di fronte ad un disastro naturale). La distinzione tra passato e presente può essere annullata o sfocata, così che il passato è sentito come se stesse accadendo in quel momento; nella mente del soggetto l'esperienza si reitera ancora e ancora (Bellak, Hurvich e Gediman, 1973).

Gli **stati somatici** includono: irritabilità, disturbi del sonno, tentativi di placare l'ansia e la paura con abuso di sostanze, somatizzazione, tentativi di fare nuovamente esperienza degli stati somatici esperiti durante il trauma (Krystal, 1988).

I **pattern relazionali** prevedono spesso un cambiamento nel modo di rapportarsi con le altre persone. Vi può essere una minore fiducia in se stessi e quindi una maggiore insicurezza personale, rabbia, senso di colpa, ottundimento. Quest'ultimo può essere ricercato anche con l'abuso di sostanze, condotta che mina ulteriormente le relazioni. Conseguentemente al trauma, si può essere portati ad interagire in maniera sado-masochista, distorcendo il dialogo e perdendo la coerenza. Spesso vi è un evitamento delle persone e delle situazioni che possono essere ricollegate al trauma.

Fobie

La prima valutazione che occorre eseguire è se:

1) Il paziente ha una ho più fobie.

2) Se la preoccupazione fobica è generica o particolare.

3) Capire il contenuto della fobia.

4) Comprendere il livello di funzionamento psichico riflesso nella fobia.

Ad esempio, le fobie multiple e quelle che costringono a gravi limitazioni nella vita quotidiana (ed esempio: paura di arrossire, di varcare una soglia, di parlare in pubblico, di essere guardati, di essere contaminati) sono spesso associate ad un'organizzazione borderline di personalità (Kernberg, 1967).

I sintomi fobici provocano meno sofferenza e un relativo miglior adattamento rispetto a un'angoscia che non è focalizzata su un singolo oggetto o situazione. Infatti, nelle fobie, le misure difensive restringono e focalizzano ciò che è temuto, cosicché la persona evitando ciò che teme evita la sofferenza connessa.

Bisogna altresì valutare se nel paziente sono presenti pattern controfobici, ossia condotte in cui l'oggetto o la situazione temuta, invece che essere evitati, vengono ricercati attivamente. Questi comportamenti, se da un lato aiutano a padroneggiare meglio il timore connesso alla fobia, dall'altro lato possono portare a una disadattiva ripetizione compulsiva dell'attività controfobica.

Disturbi ossessivo-compulsivi

Questi disturbi sono caratterizzati da pensieri ossessivi persistenti (ossessioni) e rituali rigidi (compulsioni), utilizzati nel tentativo di ridurre un'angoscia. Se le compulsioni vengono in qualche modo ostacolate, l'individuo può avvertire una sensazione di terrore. Per la clinica psicoanalitica, alla base della comparsa di ossessioni e compulsioni vi sarebbe la preoccupazione principale di perdere il controllo, che si può declinare, ad esempio, in timore di contaminazione, in aggressività e in vergogna. Nel rituale compulsivo spesso vi sono echi del pensiero magico infantile, periodo in cui gli impulsi non sono ancora completamente differenziati dalle azioni.

Alle volte le ossessioni e le relative compulsioni insorgono successivamente a una perdita, a un forte stress o a una situazione che ha scatenato angoscia e riattivato le fantasie di controllo di un individuo. Spesso bisogna lavorare con il paziente all'elaborazione del lutto della propria fantasia che tutto possa essere controllato e che tutti i pensieri sono legittimi, anche quelli di odio e di astio, e che se rimangono pensieri non vanno ad arrecare danno alle persone. Questo porta all'abbandonare pian piano il senso di colpa, i pensieri ricorsivi e i rituali magici compensativi.

Alcuni individui soffrono di ansie pervasive, croniche e invalidanti, quindi il PDM considera il Disturbo d'Ansia Generalizzato diagnosticato nel DSM come un disturbo di personalità anziché come una sindrome sintomatica. Lo codifica, quindi, nell'Asse P:

Disturbi Ansiosi di Personalità

Il carattere ansioso si può trovare sia nell'area nevrotica, che in quella borderline che al confine con la psicosi. A differenza degli individui con disturbi ossessivo-compulsivi, le persone ansiose sono sempre consapevoli della propria ansia perché i loro meccanismi di difesa non riescono a tenere l'apprensività al di fuori della sfera della coscienza. A differenza dei pazienti fobici, quelli con un disturbo ansioso della personalità non hanno angosce legate a oggetti o a situazioni specifiche, ma vi è un'ansia globale "liberamente fluttuante" (PDM, 2008) e spesso riferiscono di non sapere che cosa li spaventa.

Il PDM così riassume il Disturbo:

- "Pattern costituzionali-maturativi: temperamento ansioso o timido.

- Tensione/preoccupazione principale: sicurezza/pericolo.

- Affetti principali: paura.

- Credenza patogena caratteristica relativa a sé stessi: sono in costante pericolo a causa di forze sconosciute.

- Credenza patogena caratteristica relativa alle altre persone: gli altri sono fonte di pericolo o di protezione.

- Modi principali di difendersi: fallimento delle difese contro l'angoscia; un'ansia indefinita può mascherare angosce specifiche più disturbanti che sono mantenute al di fuori della coscienza." (PDM Task Force, 2006/2008)

Alcune persone che iniziano la psicoterapia per un pattern di tipo fobico, rivelano successivamente fobie multiple e un assetto complessivo di tipo fobico. Il PDM codifica questa patologia nell'Asse P:

Disturbi Fobici (Evitanti) di Personalità

Questi pazienti tentano di affrontare l'angoscia legandola a oggetti o a situazioni specifiche, che temono e evitano sentendosi così completamente al sicuro. Il Disturbo Fobico ha una connotazione prevalentemente anaclitica: evitando alcuni fenomeni esterni si evita anche di prendere consapevolezza e di affrontare i propri affetti e i propri stati emotivi.

Il PDM così riassume il Disturbo:

- "Pattern costituzionali-maturativi: possibile predisposizione ansiosa o timida.

- Tensione/preoccupazione principale: sicurezza/pericolo relativo a oggetti specifici.

- Affetti principali: paura.

- Credenza patogena caratteristica relativa a sé stessi: se evito alcuni pericoli specifici sono al sicuro.

- Credenza patogena caratteristica relativa alle altre persone: gli altri sono fonte di pericolo o di protezione.

- Modi principali di difendersi: simbolizzazione, spostamento, proiezione, razionalizzazione ed evitamento." (PDM Task Force, 2006/2008)

Manifestazione Opposta: Disturbi Controfobici di Personalità

Questi individui si organizzano psicologicamente intorno alle difese delle loro paure. Amano il rischio, il pericolo, le situazioni estreme. Cercano di dimostrare la loro impavidità e si può ravvisare una quota di pensiero magico infantile in quanto hanno la convinzione di non farsi mai del male.

Il PDM così riassume il Disturbo:

- "Pattern costituzionali-maturativi: sconosciuti.

- Tensione/preoccupazione principale: sicurezza/pericolo.

- Affetti principali: disprezzo, diniego della paura.

- Credenza patogena caratteristica relativa a sé stessi: posso affrontare qualsiasi situazione senza avere paura.

- Credenza patogena caratteristica relativa alle altre persone: gli altri si spaventano facilmente e ammirano il mio coraggio.

- Modi principali di difendersi: diniego, formazione reattiva, proiezione." (PDM Task Force, 2006/2008)

Analizzando l'esperienza interna di alcune persone, si può ravvisare come centrale per il loro funzionamento psicologico la riluttanza a provare emozioni associate all'essere "fuori controllo". Freud (1913) riconduce l'origine di questo atteggiamento nei primi conflitti diadici; un genitore controllante che crea situazioni di conflitto relative al mangiare, alla sessualità, all'obbedienza, all'igiene e ai bisogni evacuativi. Reich (1933) descrive gli individui ossessivo-compulsivi come "macchine viventi", identificati con *caregivers* che li volevano e li consideravano più maturi della loro età. Il PSM codifica questa patologia nell'Asse P:

Disturbi Ossessivo-Compulsivi di Personalità

Questo disturbo, solitamente, ha una connotazione più introiettiva: gli individui sono più preoccupati della definizione di sé piuttosto che della relazionalità. Tuttavia, una versione anaclitica delle dinamiche ossessivo-compulsive si può ravvisare in quelle persone che compulsivamente devono piacere agli altri e vivono nel terrore di offenderli dicendo o facendo qualcosa di inopportuno. Alcuni soggetti hanno una personalità ossessiva con poca compulsività, altri una personalità compulsiva con poca ossessività.

Il PDM così riassume il Disturbo:

- "Pattern costituzionali-maturativi: possibile irritabilità, tendenza a essere meticolosi.

- Tensione/preoccupazione principale: sottomissione a/ ribellione contro un'autorità che controlla.

- Affetti principali: rabbia, senso di colpa, vergogna, paura.

- Credenza patogena caratteristica relativa a sé stessi: la mia aggressività è pericolosa e va controllata.

67

- Credenza patogena caratteristica relativa alle altre persone: gli altri cercano di controllarmi e io devo resistere.

- Modi principali di difendersi: isolamento degli affetti, formazione reattiva, intellettualizzazione, atteggiamento moralizzatore, annullamento retroattivo.

- Sottotipi:

Ossessivo

Ruminativo, celebrale; l'autostima dipende dal *pensare*, dalle realizzazioni concettuali.

Compulsivo

Indaffarato, meticoloso, perfezionista; l'autostima dipende dal *fare*, dagli obiettivi pratici." (PDM Task Force, 2006/2008)

Anche il Disturbo Post-Traumatico da Stress può avere una tendenza alla cronicità e una marcata influenza sullo sviluppo e sul funzionamento della personalità. In questo caso viene codificato in Asse P, come disturbo di personalità che comprende le conseguenze dissociative croniche di traumi ripetuti:

Disturbi Dissociativi di Personalità

Questo disturbo si ha quando la dissociazione diventa il meccanismo di difesa principe e abituale per rispondere allo stress e agli affetti negativi. La dissociazione arriva a essere un elemento del carattere allo stesso modo in cui ogni altra difesa può fissarsi rigidamente alla personalità (Bromberg, 1998a; Brenner, 2001a).

Il PDM così riassume il disturbo:

- "Pattern costituzionali-maturativi: capacità costituzionale di autoipnosi; traumi infantili fisici e/o sessuali, gravi e ripetuti.

- Tensione/preoccupazione principale: riconoscere il trauma/negare il trauma.

- Affetti principali: paura, rabbia.

- Credenza patogena caratteristica relativa a sé stessi: sono piccolo, debole e vulnerabile a traumi ricorrenti.

- Credenza patogena caratteristica relativa alle altre persone: gli altri mi traumatizzano, mi sfruttano oppure mi salvano.

- Modi principali di difendersi: dissociazione." (PDM Task Force, 2006/2008)

3.1.4 Relazione tra i Disturbi d'Ansia e l'attaccamento

Freud (1926) indica quattro tipologie di angosce automatiche[67] rimosse[68], che si ripresentano in maniera più attenuata con l'angoscia-segnale. Ognuna di queste angosce della prima infanzia ha caratteristiche diverse a seconda del periodo evolutivo che il bambino si trova ad affrontare. L'angoscia dell'Es è sperimentata come paura di perdere il controllo o di comportarsi in modo irrazionale; l'angoscia di separazione è correlata al pericolo rappresentato dalla perdita dell'oggetto primario, verso il quale la dipendenza fisica e psicologica risulta massima, e successivamente dalla paura della perdita dell'amore dell'oggetto; l'angoscia di castrazione, tipica della fase fallica, è caratterizzata dal timore di perdere una parte del corpo investita da forti valenze affettive; l'angoscia del Super-Io, che conclude la fase fallica, viene solitamente sperimentata come sentimento di colpa legato o conseguente alla paura della ritorsione del Super-Io. Queste angosce esercitano un ruolo nello sviluppo strutturale della personalità: una loro esagerata intensità determina un eccessivo utilizzo di difese da parte dell'Io, processo che ostacola il sano sviluppo dell'individuo.

---

[67] L'angoscia automatica deve essere considerata un prodotto dello stato di impotenza psichica del lattante, che naturalmente corrisponde alla sua impotenza biologica (Freud, 1926). È la reazione del soggetto quando si trova in una situazione traumatica, cioè sottoposto a un afflusso di eccitazioni, di origine interna o esterna, che egli è incapace di dominare (Laplanche e Pontalis, 1967).

[68] La rimozione originaria è un processo ipotetico descritto da Freud come prima fase dell'operazione di rimozione. Quest'ultima è un'operazione con cui il soggetto cerca di respingere o di mantenere dell'inconscio rappresentazioni (pensieri, immagini, ricordi) legati a una pulsione. La rimozione di attua nei casi in cui il soddisfacimento di una pulsione rischierebbe di provocare dispiacere rispetto ad altre esigenze. La rimozione originaria ha come effetto la formazione di un certo numero di rappresentazioni inconsce o "rimosso originario". I nuclei inconsci così costituiti collaborano poi nella rimozione propriamente detta mediante l'attrazione che essi esercitano sui contenuti da rimuovere, unitamente alla repulsione proveniente dalle istanze superiori (Laplanche e Pontalis, 1967).

La Klein sostiene, invece, che l'angoscia precoce sia legata alle minacce distruttive conseguenti alla pulsione aggressiva[69] che l'Io fragile dell'infante deve necessariamente salvaguardare per la sua sopravvivenza[70] (Klein, 1948; 1952).

Nel pensiero di Fairbain, a differenza della Klein, la pulsione aggressiva non risulta una condizione primaria, ma rappresenta la compensazione del fallimento dell'assetto relazionale del bambino. La figura materna ha inizialmente un ruolo di fondamentale importanza: la sua mancanza o deprivazione frustra la pulsione libidica del bambino, sollecitando così la sua pulsione aggressiva. L'angoscia, quindi, deriva dalla coesistenza nell'infante di impulsi distruttivi e dal bisogno di mantenere il legame con l'oggetto madre (Fairbairn, 1952b).

Ferenczi (1932a) si pone in un'ottica meno intrapsichica e più relazionale, considerando l'origine dell'angoscia traumatica nella relazione disfunzionale del bambino con un oggetto primario. Quando quest'ultimo non si dimostra capace di proteggere l'infante dalle sollecitazioni ambientali, fa esperire al bambino una condizione angosciosa di insufficiente amore di sé e di senso di non esistenza. Il fallimento delle cure primarie rappresenta un evento traumatico, in quanto, in quel momento, per l'infante "tutto diventa una sensazione priva d'oggetto" e ciò mina alle radici il formarsi di un senso di identità.

> "il bambino è *fuori di sé* (…) e questo "essere via" non è necessariamente un non essere, ma soltanto un "non esserci" (…) là dove si trova non c'è il tempo; passato, presente e futuro sono contemporaneamente presenti; in breve, si ha l'impressione di essere andati al di là dello spazio e del tempo." (Ferenczi, 1932b, p. 85)

Il bambino resta "fuori di sé" in quanto il trauma interrompe il flusso dei ricordi e dei raccordi tra gli eventi. Un trauma così precoce non può essere ricordato perché non è mai stato cosciente; è avvenuto in fasi così precoci dell'esistenza, che la capacità dell'infante di pensare a quanto stava accadendo era insufficiente rispetto all'entità dello stimolo traumatico a cui era sottoposto (Granieri, 2009). Il trauma, però, viene successivamente rivissuto dall'individuo poiché

---

[69] Per la Klein (1948), vi è una dualità irriducibile della pulsione di vita e della pulsione di morte fin dall'origine dell'esistenza dell'individuo. Inoltre, è all'inizio della vita che il sadismo è al suo acme e che il rapporto tra libido e distruttività è sbilanciato a favore della seconda.
La pulsione aggressiva si riferisce alla pulsione di morte rivolta all'esterno. La meta della pulsione di aggressione è la distruzione dell'oggetto (Laplanche e Pontalis, 1967).

[70] Per la Klein (1948), inizialmente l'Io si trova in una condizione indifferenziata e non integrata , e la sua strutturazione unitaria si completerà successivamente.

le sue tracce somato-psichiche "continuano a vibrare in qualche parte del corpo" (Ferenczi, 1932b, p. 225).Coerentemente, per Winnicott (1965), la ragione principale dell'angoscia risiede nel conflitto tra falso e vero Sé, ambivalenza che trova la sua origine primaria in un rapporto tra un infante e il suo *caregiver* non sufficientemente buono. Nello stadio di dipendenza, il bambino viene descritto dall'Autore come un essere immaturo che è sempre "sull'orlo di un'impensabile angoscia". Vi sono quattro tipi di angoscia impensabile: andare in pezzi, cadere per sempre, essere senza alcuna relazione con il corpo ed essere senza orientamento. Queste angosce vengono tenute lontane dalla "preoccupazione materna primaria" ossia la capacità della madre di mettersi al posto dell'infante e di sapere di quali cure egli abbia bisogno. Un insufficiente sostegno all'Io del bambino da parte della madre può determinare gravi danni, come ad esempio l'utilizzo della difesa di un brillante falso Sé. Infatti, il contenimento dell'angoscia, come di altre emozioni, si può instaurare nell'individuo solo se questo ha potuto introiettare qualcuno capace di provare una comprensione sia psichica che corporea nei suoi confronti (Granieri, 2011).

Per Bowlby e i teorici dell'attaccamento, l'attaccamento insicuro è considerato un fattore di rischio per l'insorgenza di una psicopatologia. In particolare, un individuo con attaccamento invischiato è più incline a internalizzare il disagio[71] e, quindi, a sviluppare un disturbo d'ansia. In questo caso, l'angoscia-segnale trova le sue origini nell'ansia promossa da un *caregiver* ambivalente (Bowlby, 1988/1989).

In maniera concorde a Bowlby, Fonagy evidenzia una correlazione tra Disturbi d'Ansia e attaccamento invischiato. Infatti, sostiene che siano più predisposti ai Disturbi d'Ansia quegli individui che ricorrono spesso all'utilizzo di strategie di comportamento iperattivanti. Queste sono state apprese per meglio assicurarsi la vicinanza di una figura di attaccamento ambivalente (Fonagy, Luyten e Strathearn, 2011).

Per comprendere meglio la relazione tra l'attaccamento e i Disturbi d'Ansia, vengono presentate di seguito alcune ricerche focalizzate sul Disturbo Post-Traumatico da Stress, sulle Fobie, sul Disturbo Ossessivo-Compulsivo e sul Disturbo d'Ansia Generalizzato.

Numerosi professionisti della salute mentale si sono interrogati sulle psicopatologie che si sviluppano successivamente a traumi. Balint (1968/1983), riprendendo la linea di pensiero sviluppata da Ferenczi nei suoi ultimi scritti, propone una struttura trifasica del trauma. Inizialmente, il bambino immaturo dipende dall'adulto e la loro relazione appare caratterizzata

---

[71]   Crf. 2.3.

prioritariamente dalla fiducia. Successivamente l'adulto, in modo inaspettato per l'infante, fa qualcosa di molto eccitante, pauroso o doloroso. Questo può avvenire una o più volte; l'azione non deve necessariamente coinvolgere la sessualità genitale, ma può limitarsi a eccessi di tenerezza o aggressività. Infine, dopo l'interazione "appassionata", il bambino si riavvicina all'adulto offrendo di continuare il gioco o chiedendo una spiegazione di quanto avvenuto e il *caregiver* si comporta come se non fosse accaduto nulla. È a questo punto che si insedia il trauma. Secondo Balint, Freud focalizzava la sua attenzione maggiormente sulla seconda fase, quella riguardante l'evento inaspettato per il bambino, ignorando le altre due.

Borgogno (1999; 2011), rielaborando il concetto di *wise babies* di Ferenczi, introduce il termine *spoilt child* per descrivere quei bambini sofferenti, traumatizzati da una noncuranza ambientale precoce che ha interferito nel loro processo di individuazione.

"Li vedo di conseguenza gli *spoilt children*, adulti o bambini che siano, simili per più versi a naufraghi, a reduci dai campi di concentramento, poiché sono stati per anni e anni "persone a stecchetto", abbandonate e in stato di abbandono per quanto riguarda la vita emozionale e mentale." (Borgogno, 2011, p. 189)

Si tratta, infatti, di bambini su cui non soltanto vengono proiettati bisogni, esigenze e desideri dei *caregivers*, ma da cui vengono estratte aree di espressività e di esistenza. Questo accade quando i genitori non sentono e non riescono a rappresentarsi i bisogni del bambino (Borgogno, 2011). Borgogno sostiene che alle persone che sono cresciute con dei *caregivers* che presentano le suddette caratteristiche potrebbe essere venuta a mancare

"un'area sostanziale di sviluppo e può essere stata sottratta quella necessaria esperienza che permette l'accesso alla pensabilità di bisogni, tensioni, sofferenza psichica" (Borgogno, 1999, p.102).

Si possono trovare analogie tra bambini traumatizzati precocemente e adulti con Disturbo Post-Traumatico da Stress (PTSD). Varvin e Ronsenbaum (2007), descrivendo adulti che hanno sviluppato un PTSD, evidenziano come siano compromesse le capacità mentali ed emotive necessarie a simbolizzare e a rendere pensabili le situazioni traumatiche. Infatti, i pazienti con PTSD sono soggetti che, per far fronte al trauma, hanno dovuto ricorrere a un massiccio e rigido utilizzo di difese come la dissociazione, il diniego e la proiezione.

Alcuni Autori, per le loro osservazioni sul Disturbo Post-Traumatico da Stress, si sono basati sull'analisi dei sopravvissuti ai campi di concentramento (Krystal, 1968), della guerra in Vietnam (Wilson e Raphael, 1993), sulle vittime di abusi sessuali e di aggressioni durante l'infanzia (Shengold, 1989), sulle vittime di tortura (Varvin e Volkan, 2003) e su quelle del terrorismo (Danieli, Brom e Sills, 2005). Questi Autori concordano nel sottolineare che il PTSD sia solo uno dei possibili effetti del trauma psichico. Infatti, un ulteriore studio (Yehuda e Mc Farlane, 1995) ha messo in evidenza come solo al 40% degli individui traumatizzati viene diagnosticato il PTSD. Il fattore di rischio per l'insorgere del disturbo sembra essere lo stile di attaccamento insicuro ambivalente e disorganizzato (Schore, 2002).

A volte, infatti, il PSTD è correlato con un attaccamento disorganizzato/non risolto. Quando un individuo, fin da piccolo, è stato ripetutamente traumatizzato, abusato, e ha la capacità costituzionale di sviluppare stati di *trance*, o cresce in una famiglia per la quale il meccanismo di dissociazione è adattivo e quindi vi sono poche possibilità di elaborare verbalmente le esperienze traumatiche, vi possono essere le basi per l'insorgere di un PTSD, spesso comorbido con un Disturbo Dissociativo. Se si analizza la storia traumatica di questi individui (Brenner, 2001b; Bromberg, 1998b) si riscontrano spesso abusi da parte dei *caregivers* primari, che creano nelle vittime una disposizione a compiacere le figure autorevoli, inclusi i possibili terapeuti, perché inconsciamente temono di ricevere ulteriori maltrattamenti gravi.

Benoit e colleghi (2010) hanno svolto uno studio il cui fine era esaminare la correlazione tra lo stile di attaccamento, le strategie di regolazione delle emozioni e i sintomi del PTSD in adulti recentemente esposti a traumi. La loro ipotesi era basata sulla teoria che l'attaccamento sicuro permette l'interiorizzazione di funzionali strategie di regolazione delle emozioni che possono essere utilizzate successivamente per far fronte ad esperienze avverse. Questa ipotesi è stata parzialmente confermata: un attaccamento non sicuro è risultato associato a strategie di regolazione delle emozioni non funzionali con conseguenti ripercussioni sulle iniziali reazioni al trauma, con l'insorgere di un Disturbo Acuto da Stress, e sulla possibile cronicizzazione delle emozioni negative nello sviluppo di un PTSD. Tuttavia, in questa ricerca il campione scelto non era omogeneo: vi erano molti più soggetti con attaccamento disorganizzato a discapito di individui con attaccamento distanziante (Ds) o invischiato (E).

Un'altra ricerca che ha preso maggiormente in considerazione questi due tipi di attaccamento ha comunque evidenziato risultati simili. Infatti, Solomon e Laufer (2010) hanno indagato l'attaccamento e i sintomi del PTSD in un campione di veterani della guerra in Israele e hanno analizzato anche lo sviluppo di sintomi di un trauma secondario (Secondary Traumatic Stress – STS)[72] nelle loro mogli. È risultato che l'attaccamento invischiato può contribuire allo sviluppo del PTSD e del STS poiché aumenta la vigilanza delle possibili minacce percepite, intensifica la sensazione di paura anche se la minaccia reale è minima, esagera l'aspettativa delle implicazioni e delle possibili conseguenze del trauma e incoraggia il ripensare ricorsivamente alle situazioni che spaventano e alle loro ripercussioni (Ein-Dor, Mikulincer, Doron e Shaver, 2010). L'attaccamento insicuro E può, inoltre, contribuire al PTSD e al STS andando a danneggiare il rapporto di coppia aumentando così la vulnerabilità alle suddette patologie. Infatti, è stata riscontrata una correlazione tra attaccamento ansioso e una mancanza di sostegno da parte del partner (Collins e Feeney, 2000), importante fattore psicologico per lo sviluppo del PSTD (Brewin, Andrews e Valentine, 2000; Ozer, Best, Lipsey e Weiss, 2003). I mariti traumatizzati e con attaccamento E sembrano essere più propensi a ricercare eccessive rassicurazioni (Shaver, Schachner e Mikulincer, 2005) e ciò può essere considerato un importante fattore di rischio per lo sviluppo del STS per le loro mogli. Invece, l'attaccamento ansioso E delle mogli non sembra essere un fattore di rischio nel peggioramento dei sintomi del PTSD dei mariti.

Dal punto di vista psicodinamico, le fobie vengono descritte come derivanti da tentativi di modulare angosce connesse alla competitività e timore di ritorsioni, e da sforzi per far fronte alla paura di perdere il controllo. Vi sono quindi echi delle tematiche edipiche e delle problematiche connesse all'autonomia (PDM Task Force, 2006/2008). Per Freud, la nevrosi fobica è assimilabile all'isteria d'angoscia, termine che designa appunto una nevrosi il cui sintomo centrale è la fobia. Freud, grazie all'analisi del piccolo Hans, specifica che nella nevrosi fobica il meccanismo di difesa della rimozione tende a separar l'affetto dalla rappresentazione. Infatti, "la libido che la rimozione ha staccato dal materiale patogeno non è convertita […], ma liberata sotto forma di angoscia" (Freud, 1909/1966-80). La formazione dei sintomi fobici trova la sua origine " […] in un

---

[72]   L'STS comprende un insieme di sintomi che spaziano dall'ansia alla depressione, all'abbassamento dei livelli autostima dovuti al venir meno di un reciproco *caregiving* tra moglie e marito (Solomon e Laufer, 2010).

lavoro psichico che si esercita subito onde legare di nuovo psichicamente l'angoscia divenuta libera" (Freud, 1909/1966-80).

A un livello di base, le fobie possono dipendere dal timore di essere abbandonati da un *caregiver*, quindi hanno alla base un attaccamento insicuro ansioso-preoccupato. Possono, altresì, rappresentare la paura di perdere l'integrità del proprio corpo e possono implicare una perdita di funzioni dell'Io. Ad un livello ancora più primitivo, le fobie possono basarsi sul tentativo di recuperare un il senso di connessione con le altre persone e il senso di identità (Farber, 1959).

Lowry e colleghi (2012) hanno svolto una ricerca tesa a confermare la relazione tra il Disturbo d'Ansia Generalizzato (GAD), il Disturbo di Panico (PD), la Fobia Sociale (SP) e l'attaccamento insicuro E. I risultati evidenziano che i partecipanti con GAD, PD o SP riportano significativi problemi interpersonali, difficoltà nella regolazione di emozioni e attaccamento insicuro. Più nello specifico, nei partecipanti con uno, due o tutti e tre i disturbi sopra indicati e con attaccamento E vengono ravvisati maggiori problemi interpersonali e di regolazione delle emozioni rispetto ai pazienti con GAD, PD e/o SP, ma con un attaccamento non ansioso.

La ricerca di matrice psicoanalitica (Salzman, 1980; Pollak, 1987; Shapiro e Stine, 1965) ha evidenziato che le persone ossessivo-compulsive sembra abbiano paura dei loro impulsi, specialmente di quelli aggressivi, che possono sfuggire al loro controllo. Infatti, la maggior parte dei pensieri ossessivi e delle azioni compulsive cercano di annullare retroattivamente o contrastare soprattutto impulsi legati alla distruttività, all'avidità e alla sporcizia. Le persone ossessivo-compulsive hanno una coscienza molto rigida e punitiva, che muove un grande senso di colpa per desideri inaccettabili. La autocritiche sono aspre e gli standard a cui devono arrivare rasentano la perfezione.

Doron e colleghi (2005) hanno analizzato persone con Disturbo Ossessivo- Compulsivo (OCD), mettendo in relazione i sintomi con la capacità di regolazione emotiva, con lo stile di attaccamento e con il tono dell'umore. Hanno, inoltre, confrontato questi pazienti con un gruppo di individui che soffrivano di altri disturbi d'ansia e con un gruppo di controllo. È risultato che l'attaccamento invischiato era alla base della maggior parte degli individui con OCD, e anche delle persone con OCD in comorbidità con la depressione.

Questi risultati sono stati confermati anche da Yarbro e colleghi (2013), che hanno altresì evidenziato come l'attaccamento E dell'adulto sia un fattore di rischio per l'insorgere di disturbi ossessivo-compulsivi, mentre l'attaccamento Ds non sia così significativo per la comparsa di un OCD.

L'origine dei disturbi d'ansia, in particolare del disturbo d'ansia generalizzato, per Schore (2003/2008), si riscontra nella disregolazione affettiva e nel fallimento dello sviluppo di strategie di adattive o di difesa in grado di mitigare le normali paure evolutive. Adulti con diagnosticato un Disturbo Ansioso di Personalità riferiscono di aver avuto *caregivers* che non sono stati in grado di tranquillizzarli, di comunicare loro un senso di sicurezza e di sostenerli efficacemente nei loro tentativi di esplorazione del mondo.

Uno studio sperimentale recente (Marganska, Gallagher e Miranda, 2013) ha evidenziato il ruolo esplicativo della disregolazione emotiva in relazione allo stile di attaccamento dell'adulto e i sintomi della depressione e del Disturbo d'Ansia Generalizzato (GAD) su un campione di 284 adulti. È stato riscontrato che soggetti con attaccamento sicuro avevano livelli più bassi di depressione, di ansia e una minore disregolazione emotiva. Diversamente, in soggetti con attaccamento insicuro si riscontrano maggiori sintomi depressivi, ansiosi e una maggiore disregolazione emotiva. L'incapacità percepita di non riuscire ad avere efficaci strategie di regolazione emotiva sembrerebbe mediare la relazione tra attaccamento insicuro e sia la depressione che il Disturbo d'Ansia Generalizzato. La non accettazione delle emozioni negative e l'incapacità di controllare comportamenti impulsivi sembrerebbero essere ulteriori mediatori della relazione esistente tra attaccamento insicuro, soprattutto invischiato, e il GAD. Questi risultati confermano quanto emerso da ricerche precedenti sullo stesso tema (Simonelli, Ray e Pincus, 2004; Hankin, Kassel e Abela, 2005).

3.1.5 Comorbidità dei Disturbi d'Ansia con il Disturbo Borderline di Personalità

Importanti studi sulla comorbidità fra il Disturbo Borderline di Personalità e i Disturbi d'Ansia evidenziano che i valori ottenuti per le singole categorie diagnostiche sono molto elevati, anche se questi risultati oscillano sensibilmente da uno studio all'altro, come si evince dalla seguente tabella.

Disturbo di Asse I	Zanarini Frankenburg, Dubo, Sickel, Trikna, Levin, et al., 1998 N = 379	Comtois, Cowley, Dunner e Roy-Byrne, 1999 N = 38	Zimmermann e Mattia, 1999 N = 59
Disturbo di Panico	47,8	21,1	30,5
Disturbo d'Ansia Generalizzata	13,5	13,2	13,6
Disturbo Ossessivo-Compulsivo	15,6	0	20,3
Fobia Semplice	31,7	2,6	20,3

Tab.3.4 Comorbidità dei Disturbi d'ansia con il Disturbi Borderline di Personalità.

Più di recente, anche Keyes e colleghi hanno cercato di comprendere la complessità che sta alla base della comorbidità del Disturbo Borderline di Personalità con altri disturbi mentali. Dal loro studio sulla popolazione degli Stati Uniti è emersa un'elevata comorbidità del BPD con Disturbi d'Ansia quali: Disturbo di Panico con Agorafobia, Fobia Sociale, Fobia Specifica, Disturbo d'Ansia Generalizzato e Disturbo Porst-Traumatico da Stress (Keyes et al., 2011).

Come precedentemente accennato[73], i pazienti con BPD e attaccamento invischiato tendono a internalizzare il disagio, promuovendo quindi una comorbidità con i Disturbi d'Ansia e i Disturbi dell'Umore.

Per quanto riguarda i Disturbi d'Ansia, essi risultano essere complessivamente meno frequenti dei Disturbi dell'Umore nei pazienti con Disturbo Borderline della Personalità, ma sono più frequenti e più gravi in questo che in altri disturbi di personalità (Alnaes e Torgersen, 1990; Stratton, Howe e Battaglia, 1996). Una ricerca ha evidenziato come sono le donne con BPD quelle che sono maggiormente comorbidi con un Disturbo d'Ansia, più nello specifico il Disturbo d'Ansia Generalizzato e il PTSD. Questi risultati confermano quelli di Tadić e colleghi (2009) che vedevano gli uomini con BPD più soggetti a Disturbi da Abuso di Sostanze, in particolare dipendenza da

---

[73]   Cfr. 2.3.

alcool (65% vs. 43% delle donne); mentre le donne con BPD sviluppavano più frequentemente un Disturbo dell'Umore (94% vs. 82%), d'Ansia (92% vs. 80%) o un Disturbo Alimentare (35% vs. 18%), in particolare Anoressia Nervosa (21% vs. 4%) (Sansone, R.A. e Sansone M.A., 2011).

Un caso particolare è quello del disturbo post-traumatico da stress, che è riscontrabile nel 30-50% dei pazienti con BPD. Questa comorbidità ha portato a ipotizzare che da un terzo alla metà dei pazienti borderline sviluppa il disturbo in seguito ad un evento traumatico, verificatosi soprattutto in età infantile[74] (Zanarini, Frankenburg e Dubo, 1998). Un trauma precoce può avere, come effetto a lungo termine, l'arresto dello sviluppo degli emotivo-affettivo. Questo è un importante fattore di rischio per l'insorgere di un ampio spettro di disturbi come gli stati limite, certe psicosi, e comportamenti violenti (Schore, 2002).

Vignarajah e Links (2009) hanno indagato le conseguenze cliniche della comorbidità tra il BPD e il PTSD; soprattutto gli effetti riscontrati sui comportamenti anticonservativi. I risultati hanno evidenziato che la comorbidità accentua alcuni sintomi, quali: rabbia, ansia, comportamenti evitati e propensione al suicidio. Questi risultati confermano gli studi precedenti di Ford (1999) e McLean e Gallop (2003).

3.2 I Disturbi dell'Umore

3.2.1 Dati epidemiologici

I Disturbi dell'Umore sono diagnosticati a individui che manifestano una significativa alterazione dell'umore, associata a un marcato livello di disadattamento e sofferenza. I disturbi dell'umore possono essere unipolari, se vengono sperimentati solo pattern o depressivi o maniacali, o bipolari, se i soggetti esperiscono fasi depressive alternate a fasi maniacali (PDM Task Force, 2006/2008).

---

[74]   È evidente che questi dati debbono essere valutati con prudenza, poiché la determinazione dell'evento traumatico può essere compiuta solo con criterio anamnestico e la distinzione, soprattutto in età infantile, fra eventi reali e immaginari è tutt'altro che agevole e attendibile (Zanarini, 1998).

Il Global Burden of Diseases[75] (GBD) del 2000 stima il picco di prevalenza degli episodi depressivi unipolari all'1,9% per gli uomini e al 3,2% per le donne; mentre per un periodo di 12 mesi la prevalenza diviene 5,8% per gli uomini e 9,5% per le donne. Queste cifre possono variare tra diverse popolazioni. L'analisi del GBD mostra che i disturbi depressivi unipolari creano un enorme peso per la società e sono identificati come la quarta causa principale di sofferenza tra tutti i disturbi, responsabili del 4,4% di tutti i DALY[76] e dell'11,9% degli YLD[77]. Nell'età compresa fra i 15 e i 44 anni sono classificati come il secondo disturbo, ammontando all'8,6% dei DALY totali. Mentre queste valutazioni dimostrano chiaramente che il peso attuale della depressione è molto alto, la prospettiva per il futuro è perfino peggiore. Dall'anno 2020, se la transizione demografica ed epidemiologica proseguirà, il peso del disturbo depressivo aumenterà al 5,7%, diventando la seconda causa dei DALY. In tutto il mondo sarà secondo solo alle malattie cardiovascolari ischemiche in DALY perduti per entrambi i sessi. Nei paesi avanzati la depressione sarà dunque classificata come la maggiore causa di morbilità. L'età media di esordio del Disturbo Depressivo Maggiore è dai 20 ai 50 anni, mentre quella del Disturbo Distimico è dai 15 ai 30 anni. La depressione è essenzialmente un disturbo episodico ricorrente, ciascun periodo dura di solito da pochi mesi a pochi anni, con un periodo di normalità in mezzo. In circa il 20% dei casi, tuttavia, la depressione ha un decorso cronico senza remissione (Thornicroft e Sartorius 1993). La percentuale di ricaduta per quelli che guariscono da un primo episodio è intorno al 35% entro i 2 anni e al 60% entro i 12. La percentuale è maggiore per le persone che hanno più di 45 anni. Una conseguenza particolarmente tragica dei disturbi depressivi è il suicidio. Circa il 15-20% dei pazienti in stato depressivo termina la sua vita commettendo un suicidio (Goodwin e Jamison 1990).

Il disturbo affettivo bipolare riguarda pazienti con sintomatologia depressiva e allo stesso tempo episodi di mania caratterizzati da elevazione del tono dell'umore, incremento dell'attività, eccessiva sicurezza e ridotta capacità di concentrazione. Secondo il GBD del 2000, il picco di prevalenza del disturbo bipolare è intorno allo 0,4%. L'età media di esordio del Disturbo Bipolare I

---

[75]   L'Organizzazione Mondiale della Sanità (OMS) ha riconosciuto, con il progetto Global Burden of Diseases (GBD), la necessità di valutare lo stato di salute delle popolazioni anche in termini di morbidità, oltre che di sopravvivenza in vita. Ha ritenuto importante, quindi, valutare l'attuale e futuro impatto globale di malattie e incidenti in termini non solo di mortalità precoce, ma anche di ridotta qualità della vita a seguito di una patologia invalidante. Nel GBD viene usata una misura complessa dell'impatto delle singole patologie: Disability Adjusted Life Years (DALY), che è determinata dalla somma degli anni di vita vissuti con disabilità (YLDs - Years of Life lived with Disability) e degli anni persi per mortalità precoce (YLLs - Years of Life Lost) (Murray e Lopez, 1996).

[76]   DALY ossia Disability Adjusted Life Years, somma degli anni di vita vissuti con disabilità e degli anni persi per mortalità precoce (Murray e Lopez, 1996).

[77]   YLD ossia Years of Life lived with Disability, anni di vita vissuti con disabilità (Murray e Lopez, 1996).

è dai 15 ai 40 anni, quella del Disturbo Bipolare II è dai 30 ai 50 anni e quella del Disturbo Ciclotimico è dai 15 ai 25 anni (OMS, 2001).

In conclusione, ho svolto un'indagine epidemiologica, presso l'ASL TO1, dei Disturbi d'Ansia nell'ultimo decennio, dal 01/01/2002 al 31/12/2012. Qui di seguito viene riportano il grafico risultante.

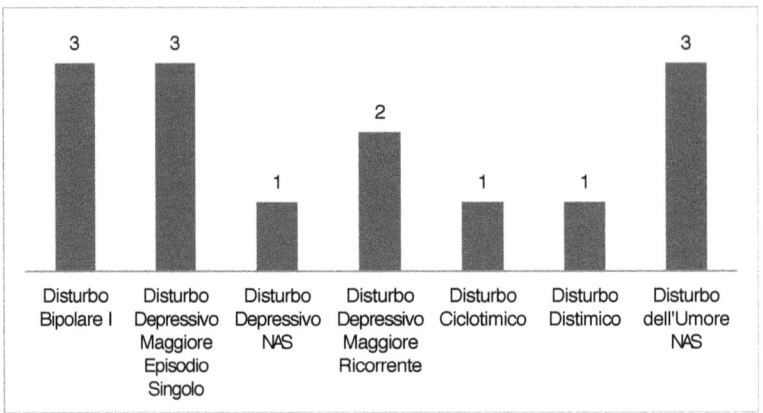

Tab. 3.5 Epidemiologia dei Disturbi dell'Umore: sull'asse delle ascisse è riportato il nome del disturbo e sull'asse delle ordinate il numero dei pazienti con tale diagnosi.

3.2.2 Prospettiva diagnostica del DSM-IV-TR (descrittiva)

Il DSM-IV-TR definisce i Disturbi dell'Umore come caratterizzati da un'alterazione pervasiva dell'umore e della tonalità affettiva, con significativa compromissione anche della dimensione sociale e lavorativa del soggetto. I Disturbi dell'Umore si codificano in Asse I e sono suddivisi in Disturbi Depressivi e Bipolari.

I Disturbi Depressivi comprendono:

Disturbo Depressivo Maggiore, Episodio Singolo

Disturbo Depressivo Maggiore, Ricorrente

Disturbo Distimico

Disturbo Depressivo Non Altrimenti Specificato (NAS)

I Disturbi Bipolari comprendono:

Disturbo Bipolare I, Episodio Maniacale Singolo

Disturbo Bipolare I, Più Recente Episodio Ipomaniacale

Disturbo Bipolare I, Più Recente Episodio Maniacale

Disturbo Bipolare I, Più Recente Episodio Misto

Disturbo Bipolare I, Più Recente Episodio Depressivo

Disturbo Bipolare I, Più Recente Episodio Non Specificato

Disturbo Bipolare II

Disturbo Ciclotimico

Disturbo Bipolare Non Altrimenti Specificato (NAS)

Altri Disturbi dell'Umore:

Disturbo dell'Umore Dovuto a.. (indicare la Condizione Medica Generale)

Disturbo dell'Umore Indotto da Sostanze

Disturbo dell'Umore Non Altrimenti Specificato (NAS)

3.2.3 Prospettiva diagnostica del PDM (dimensionale)

I disturbi dell'umore, per quanto concerne l'età adulta, sono descritti nel PDM nell'asse S, asse che descrive la soggettività del paziente in rapporto ai pattern sintomatici.

I disturbi dell'umore sono così codificati:

Disturbi dell'umore:

* Disturbi depressivi

* Disturbi bipolari

Analizziamoli ora nel dettaglio:

Disturbi dell'umore

I disturbi dell'umore si manifestano con una combinazione di pattern maniacali, depressivi e/o maniaco-depressivi che interferiscono con la capacità di lavorare, studiare, dormire, mangiare e godere di alcuni aspetti della vita.

Disturbi depressivi

Gli **stati affettivi** esperiti dagli individui con depressione includono due orientamenti emotivi generali, descritti come pattern anaclitici e pattern introiettivi.

Le persone con pattern prevalentemente anaclitici sono individui che dipendono molto dalle prove d'amore che l'oggetto significativo può offrire o negare. La condizione più sensibile per lo sviluppo di una depressione è la rottura della relazione con il *caregiver* primario. I pattern depressivi anaclitici sono caratterizzati da sentimenti di inadeguatezza, abbandono, isolamento, da tentativi di mantenere la prossimità fisica con una persona che gratifichi i propri bisogni, che li aiuti e li protegga. Questi soggetti hanno, inoltre, maggiore difficoltà a esprimere odio e rabbia per paura di danneggiare l'altro, altro inteso come fonte di soddisfacimento dei propri bisogni.

Le persone con pattern prevalentemente introiettivi sono individui per i quali ciò che è più importante è soddisfare il Super-Io. I loro obiettivi sono la perfezione morale e l'affermarsi nella realtà esterna. Se questi obiettivi non vengono raggiunti si sviluppa un sentimento depressivo. I pattern depressivi introiettivi sono caratterizzati da continue autocritiche severe e punitive, da sentimenti di inferiorità, di colpa, di paura di perdere l'approvazione, il riconoscimento e l'amore degli altri significativi (Blatt, 2004).

I **pattern cognitivi** possono includere una convinzione razionalizzata di colpa e fantasie di perdita di approvazione, riconoscimento e amore; molta indecisione, scarso rispetto di sé, idee suicidarie e problemi di memoria.

Gli **stati somatici** sovente prevedono una perdita del desiderio sessuale, eccessiva reattività motoria, irrequietezza, mal di testa, mal di schiena, dolori muscolari, palpitazioni, svenimenti, insonnia, problemi legati all'appetito, fatica, scarsa energia, letargia, insonnia o ipersonnia.

I **pattern relazionali** possono essere caratterizzati da bisogni insaziabili e/o ostilità esigente; da forte attaccamento o ritiro e oppositività.

"Le componenti della valutazione del rischio suicidario sono:

1) Presenza di ideazione, intenti o piani omicidi o suicidi.

2) Facile accesso a mezzi con cui ci si può suicidare e carattere letale di questi mezzi.

3) Presenza di sintomi psicotici, specialmente allucinazioni ingiuntive.

4) Presenza di un grave abuso di alcol o altre sostanze.

5) Storia e gravità dei precedenti tentativi autolesivi.

6) Storia familiare di –o recente esposizione a- suicidi."(PDM Task Force, 2006/2008)

Quando le dinamiche depressive introiettive e anaclitiche[78] invadono l'intera personalità, la diagnosi più appropriata, per il PDM, è di disturbo depressivo di personalità. Questo disturbo viene codificato, quindi, nell'Asse P:

Disturbi Depressivi di Personalità

La personalità depressiva è il tipo più comune di struttura di personalità che si incontra in ambito clinico (Shedler e Westen, 2004). Questi individui soffrono di un affetto disforico cronico, con sentimenti di colpa e/o vergogna. Molte persone con carattere depressivo, tuttavia, non soddisfano i criteri per la diagnosi di Disturbo dell'Umore del DSM; e nonostante il trattamento con farmaci antidepressivi continuano ad avere caratteristiche depressive problematiche.

---

[78] Quando sono le dinamiche anaclitiche a mostrarsi più pervasive, il clinico dovrebbe prendere anche in considerazione la diagnosi di un disturbo dipendente o narcisistico di personalità, e scegliere la diagnosi più appropriata in base al livello di capacità relazionale della persona (PDM Task Force, 2006/2008).

Questo porta alla diagnosi di Disturbo Depressivo di personalità che il PDM così riassume:

- "Pattern costituzionali-maturativi: possibile predisposizione genetica alla depressione.

- Tensione/preoccupazione principale: bontà/cattiveria o solitudine/relazionalità.

- Affetti principali: tristezza, senso di colpa, vergogna.

- Credenza patogena caratteristica relativa a sé stessi: c'è qualcosa di intrinsecamente cattivo o inadeguato in me.

- Credenza patogena caratteristica relativa alle altre persone: le persone che mi conosceranno davvero mi rifiuteranno.

- Modi principali di difendersi: introiezione, capovolgimento, idealizzazione degli altri, svalutazione di sé.

- Sottotipi:

Introiettivo

Preoccupato dalla definizione di sé, dal valore di sé, da pensieri autocritici.

Anaclitico

Preoccupato dalla dimensione relazionale, dal tema della fiducia, dal mantenimento delle relazioni di attaccamento.

Manifestazione opposta: Disturbi Ipomaniacali di Personalità

Il disturbo di personalità può essere differenziato da un episodio maniacale o ipomaniacale per la diversa sfumatura, durata e stabilità del senso di energia, del dinamismo e della pienezza del sé.

- Pattern costituzionali-maturativi: un probabile alto livello di energia.

- Tensione/preoccupazione principale: ignorare il dolore/soccombere al dolore.

- Affetti principali: euforia, rabbia, tristezza e dolore inconsci.

- Credenza patogena caratteristica relativa a sé stessi: se smetto di correre e mi avvicino a qualcuno, sarò traumaticamente abbandonato; per questo me ne vado per primo.

- Credenza patogena caratteristica relativa alle altre persone: posso affascinare gli altri così che non vedano le qualità che inevitabilmente li porterebbero a rifiutarmi.

- Modi principali di difendersi: diniego, idealizzazione di sé, svalutazione degli altri." (PDM Task Force, 2006/2008)

Disturbi bipolari

I disturbi bipolari sono caratterizzati dall'alternarsi di episodi con caratteristiche maniacali (maniacale, misto o ipomaniacale) e di episodi depressivi (episodio depressivo maggiore o sintomi depressivi più lievi). L'esperienza interna negli stati maniacali può essere descritta come segue.

Gli **stati affettivi** sono caratterizzati da sentimenti di intenso piacere o euforia con irritabilità intensa, angoscia transitoria, ipersensibilità alle offese o al rifiuto e una marcata impulsività. I soggetti in stato maniacale presentano un accresciuto bisogno delle altre persone, spesso accompagnato da un desiderio sessuale intenso e disinibizione sociale.

I **pattern cognitivi** possono includere fantasie di invincibilità e talento eccezionale, difficoltà a pensare in modo chiaro, logico, lineare e spesso le parole sono prive di censura e inibizione. Queste persone, infatti, possono avere paura di non riuscire a tenere insieme i pensieri, che percepiscono come fugaci e inafferrabili ("fuga delle idee").

Gli **stati somatici** includono irrequietezza e mancanza di sonno, un desiderio sessuale frequente e intenso. Questi pazienti sono a rischio di sovraffaticamento fisico e depressione suicidaria.

I **pattern relazionali** sono spesso imprevedibili, caotici, impulsivi e sessualizzati. A volte, le tendenze maniacali portano questi soggetti ad avere seguaci e protetti che condividono con loro fantasie di progetti grandiosi. (PDM Task Force, 2006/2008).

3.2.4 Relazione tra i Disturbi dell'Umore e l'attaccamento

Studi sulle storie famigliari, sui gemelli e sui figli adottivi hanno suggerito che la disposizione alla depressione possa essere in parte ereditaria (Wender et al., 1986; Rice et al., 1987). Tuttavia, mentre resta indubbio che la depressione ricorra nelle famiglie, non si è ancora riuscito a stabilire in che misura la trasmissione di tendenze depressive sia geneticamente determinata e in che misura, invece, sia il comportamento di genitori depressi a provocare reazioni distimiche nei figli.

Vi è l'ipotesi che un importante precursore delle inclinazioni depressive sia l'esperienza di una perdita prematura (Freud, 1917/1966-80; Abraham, 1924/1975). Gli individui depressi sono descritti come soggetti con una fissazione alla fase orale; sono stati svezzati troppo presto o troppo bruscamente, o hanno subito qualche altra frustrazione precoce che andava al di là delle loro capacità di adattamento. Coerentemente, è stato notato che i depressi sono spesso in sovrappeso, che di solito amano mangiare, fumare, bere, parlare, baciare e altre forme di gratificazione orale e tendono a descrivere la propria esperienza emotiva con analogie sul cibo e la fame (Fenichel, 1945/1951). Volendo descrivere il processo depressivo in termini psicodinamici, secondo la teoria pulsionale freudiana, si può vedere che le persone che si trovano in stati depressivi distolgono dagli altri e dirigono verso se stesse gran parte dei propri affetti negativi, odiandosi in modo sproporzionato rispetto alle effettive mancanze. Questi soggetti tendono a rivolgere l'aggressività verso l'interno, verso il proprio Sé; infatti raramente provano rabbia spontanea e non conflittuale verso gli altri, mentre spesso si sentono colpevoli (Freud, 1917/1966-80). Il senso di colpa è diffuso, cosciente ed egosintonico, diversamente dalla colpa negata e difensivamente reinterpretata del paranoico. Un altro affetto importante della persona depressa è la tristezza. Il male e l'ingiustizia la angosciano, ma solo in rari casi suscitano la rabbia del paranoico, la moralizzazione dell'ossessivo, l'annullamento del compulsivo e l'angoscia dell'isterico (McWilliams, 1994/1999).

L'ipomaniacalità, invece, rappresenta l'atra faccia della depressione. L'individuo ipomaniacale tende a essere eccitato, energico, brillante e grandioso. Le persone ipomaniacali neutralizzano la loro tendenza depressiva con la difesa del diniego. Tuttavia, molti soggetti che mantengono un certo grado di maniacalità soffrono di episodi in cui il diniego fallisce e quindi alternano fasi maniacali o ipomaniacali a fasi depressive (Akhtar, 1992). Essendo l'altra faccia della depressione, i soggetti ipomaniacali appaiono anch'essi fissati alla fase orale. Infatti, comportamenti usuali sono il parlare senza fermarsi per molto tempo, il bere smodatamente, fumare, mordicchiarsi l'interno della bocca e le unghie. Molti sono in sovrappeso, specialmente se sono maniacali. La loro esagerata motilità suggerisce una notevole angoscia, nonostante un umore spesso molto alto (Fenichel, 1945/1951). L'umore eccessivamente elevato non va, però, confuso con il sentimento di tranquilla serenità, che può essere uno stato emotivo del tutto estraneo all'esperienza ipomaniacale (Akiskal, 1984).

Come descritto nel capitolo precedente, Blatt (1974) distingue due forme di depressione: una introiettiva una l'altra anaclitica. Nella depressione introiettiva, centrale è il tema del senso di colpa per non essere riusciti a raggiungere gli obiettivi dettati dal Super-Io di perfezione morale e di affermazione nella realtà esterna. Nella depressione anaclitica, fondamentale risulta essere il tema della dipendenza dalle vicissitudini delle prove d'amore che l'oggetto può offrire o negare. Anche Kohut (1971/1976; 1977/1980), sostiene l'esistenza di forme depressive senza senso di colpa, legate a soggetti con personalità narcisistiche a livello di gravità borderline. Questi individui non hanno avuto, da parte dei loro oggetti-Sé, un supporto empatico "sufficientemente buono" da permettergli uno sviluppo sano del loro narcisismo.

Secondo la McWilliams (1994/1999), quando nell'individuo si consolida maggiormente la dinamica introiettiva, si diagnostica un'organizzazione del carattere di tipo depressivo melanconico. Se il soggetto soffre di una depressione prevalentemente anaclitica, il clinico può trovarsi davanti a un tipo depressivo di persona narcisista. Secondo l'Autrice, il narcisista depresso ha un'esperienza interiore di vergogna, vuoto, mancanza di significato, noia e disperazione esistenziale; mentre il quadro della personalità depressiva malinconica presenta sentimenti di colpa, iniquità, distruttività, avidità e odio per se stessi. La vergogna è legata all'autovalutazione, da parte dell'Io e del Super-Io del soggetto, di non aver raggiunto le mete fissate dall'Ideale dell'Io e quindi di non meritare la "risposta affettiva desiderata"[79] (Rizzuto, 1991). Infatti, il sentimento di vergogna ha, come dimensione irrinunciabile, la presenza reale o fantasticata di un altro significativo testimone degli errori del soggetto. La vergogna è angoscia narcisistica nell'intersoggettività, mentre il senso di colpa è il sentimento di inferiorità per la tensione esistente tra l'Ideale dell'Io e una determinata rappresentazione del Sé (Bleichmar, 1997/2008). È come se alla persona organizzata narcisisticamente mancasse di un senso coeso di Sé, mentre quella depressa avesse un senso del Sé molto chiaro, ma negativo. Il narcisista sembra essere fissato a una fase pre-edipica, di separazione-individuazione dall'oggetto, mentre la persona depressa melanconica ha una fissazione alla fase edipica, dove l'immagine interna dell'oggetto è integrata.

Analogamente, bisogna operare un distinguo tra la personalità ipomaniacale e la personalità narcisistica. Dal momento che la grandiosità è l'elemento centrale del funzionamento maniacale, è facile scambiare una persona ipomaniacale o ciclotimica per il tipo più grandioso di paziente narcisista. Le persone con struttura narcisistica, tuttavia, non hanno le storie tumultuose e molto frammentarie di molti ipomaniacali. La differenza intrapsichica, ancora una volta, tra il vuoto

---

[79]   Per "risposta affettiva desiderata", Rizzuto (1991) intende il modo in cui il soggetto desidera che l'altro reagisca di fronte ai propri eventuali meriti.

soggettivo del narcisista e la presenza di introietti negativi dell'ipomaniacale, fronteggiati con il meccanismo di difesa del diniego (McWilliams, 1994/1999).

Il meccanismo di difesa più utilizzato dalle persone depresse è l'introiezione, in particolare l'introiezione delle qualità più negative del *caregiver*. I suoi attributi positivi vengono generalmente ricordati con tenerezza, mentre quelli negativi sono percepiti come parte del Sé. Il bambino viene fuori da esperienze premature o traumatiche di perdita proiettando le proprie reazioni sugli oggetti d'amore che li abbandonano, immaginando che siano arrabbiati od offesi. Questa immagine del genitore offeso e arrabbiato, poiché troppo dolorosa da sopportare e interferisce con la speranza di un'affettuosa riunificazione, viene allontanata dalla coscienza e vissuta come una parte cattiva di sé. Tali dinamiche depressive creano il sentimento diffuso di essere cattivo, di aver allontanato una persona necessaria e affettuosa e di doversi impegnare per evitare che la propria malvagità provochi in futuro altri abbandoni (Klein, 1940). Un'altra difesa utilizzata in modo massiccio nei depressi melanconici è il rivolgimento contro la propria persona, che rappresenta un esito meno arcaico delle dinamiche depressive appena descritte. Il meccanismo di difesa del rivolgimento contro la persona permette di ridurre l'angoscia, specialmente l'angoscia di separazione: se si è convinti che l'abbandono sia provocato dalla propria rabbia e dalle proprie critiche, ci si sente più sicuri rivolgendole contro di sé. Inoltre, questa difesa preserva un senso di potere: se la cattiveria appartiene a sé si ha la sensazione di poter cambiare una situazione disturbante[80] (A. Freud, 1936/1985; Laughlin, 1967). Un'altra importante difesa dei pazienti depressi è l'idealizzazione degli altri e la conseguente svalutazione di sé, riguardo soprattutto alle questioni morali. Questa idealizzazione è, però, diversa da quella dei soggetti narcisisti depressi, poiché si organizza intorno a questioni morali, più che alla posizione sociale e al potere (A. Freud, 1936/1985).

I meccanismi di difesa utilizzati in modo massiccio e rigido nelle persone maniacali e ipomaniacali sono il diniego e l'*acting-out*. Il diniego si manifesta prevalentemente nella tendenza a ignorare o a ironizzare eventi che metterebbero a disagio o in allarme altre persone. L'*acting-out*, invece, ha la funzione di fuga dalle situazioni che potrebbero minacciare una perdita. Si è, infatti, in presenza di violenza auto o etero diretta, di esibizionismo, sessualizzazione, ubriachezza, provocazione, furto e tentativi di controllo autoritario. Inoltre, questi soggetti, in modo complementare agli individui depressi, tendono a svalutare gli altri e a idealizzare se stessi,

---

[80]   Il bambino è inizialmente dipendente dai *caregivers*. Se coloro da cui dipende non sono "sufficientemente buoni", può soltanto scegliere se accettare quella realtà, e vivere in una cronica paura, oppure negarla, convincendosi che sia lui stesso l'artefice dell'infelicità e che un suo comportamento migliore possa cambiare la situazione (Laughlin, 1967).

specialmente quando si trovano di fronte ad una relazione amorosa da cui temono di restare delusi (Katan, 1953).

L'analisi dei meccanismi di difesa dei pazienti depressi in un'ottica più relazionale suggerisce le seguenti considerazioni. In primo luogo, Ferenczi (1932/2002) sostiene che a utilizzare la difesa dell'identificazione con l'aggressore siano i bambini gravemente traumatizzati e maltrattati, che si interiorizzano la violenza subita per riuscire a mantenere un'immagine sufficientemente buona del *caregiver* da cui dipendono. Tra i traumi precoci alla base della depressione vi è una perdita precoce e/o ripetuta. Le corrispondenze affettive tra depressione e lutto[81] hanno spinto i teorici a ricercare le origini delle dinamiche distimiche in dolorose esperienze premature di separazione da un oggetto d'amore. Bowlby ha evidenziato che alcune esperienze della prima infanzia siano predisponenti allo sviluppo della psicopatologia in età adulta. In particolare la perdita di un genitore durante l'infanzia è stata connessa allo sviluppo della depressione in età adulta (Bowbly, 1969/1972). La perdita precoce non è sempre reale e osservabile (come ad esempio la morte o l'allontanamento di un genitore); può essere anche interna e psicologica, come nel caso di un bambino che cede alla pressione di un *caregiver* a rinunciare a comportamenti di dipendenza prima che sia emotivamente pronto a farlo, costruendosi un falso Sé per preservare il vero Sé (Winnicott, 1965/1970; Jacobson, 1971/1977; Altschul, 1988). Weissman e colleghi, nel 1974, indagarono sullo svolgimento del ruolo materno in un gruppo di 35 donne depresse e in un gruppo di confronto composto da 27 donne, osservando che, durante l'episodio di depressione acuta, le donne depresse si impegnavano meno coi loro bambini, avevano difficoltà di comunicazione, facilità a perdere la pazienza, mancanza di affetto, accresciuto senso di colpa e risentimento. Le madri depresse erano molto più protettive, irritabili, preoccupate, chiuse, emotivamente distanti e/o rifiutanti. Il 59% dei figli di queste madri depresse presentava disturbi: depressione, iperattività, enuresi, problemi scolastici, uso di droga. I bambini che vivono in famiglie con uno o entrambi i genitori depressi hanno maggiori probabilità di manifestare una psicopatologia rispetto ai bambini con genitori normali. Si è riscontrato un comportamento più ritirato, timido e socialmente isolato nei bambini di madri depresse (Garmezy, 1974). Welner e colleghi (1977) hanno rilevato umore depresso, desideri di morte, litigiosità, angosce psicosomatiche e anedonia più diffusi in bambini con un genitore depresso. Hanno osservato anche che l'11% dei figli di

---

[81]   Freud fu il primo a paragonare e contrapporre le condizioni depressive (melanconia) al lutto normale; egli vedeva la differenza più significativa tra i due stati nel fatto che nelle normali reazioni di lutto si percepisce il mondo esterno impoverito di qualche aspetto importante, come la perdita di una persona di valore; nelle condizioni depressive, invece, ciò che si sente perduto o danneggiato è una parte del Sé (Freud, 1917/1966-80).

caregivers depressi presenta una media di almeno cinque sintomi depressivi, e il 7% rientra nei criteri della depressione, contro lo 0% del gruppo di controllo. Inoltre, secondo Furman (1982), normalmente è la madre e non il bambino che, al momento dello svezzamento, e per analogia in altri momenti di separazione, sente dolorosamente la perdita di una soddisfazione istintuale gratificante. Insieme al piacere e all'orgoglio per la crescente autonomia del bambino, la madre percepisce un forte sentimento di angoscia. Per Furman, il processo di separazione-individuazione si risolve in dinamiche depressive solo quando la sofferenza della madre per la crescita del figlio è talmente forte da indurla ad aggrapparsi a lui e a farlo sentire in colpa oppure ad allontanarlo controfobicamente. Nel primo caso, i bambini sono portati a percepire che i normali desideri di aggressività e indipendenza sono dannosi; nel secondo, imparano ad odiare le proprie naturali spinte all'indipendenza. In entrambi i casi, percepiscono il proprio Sé come cattivo. Inoltre, un individuo che ha avuto un *caregiver* ambivalente è più incline a internalizzare il disagio[82] e, quindi, a sviluppare un disturbo dell'umore.

Le tendenze depressive vengono generate anche da circostanze evolutive che rendono difficile al bambino comprendere realisticamente una perdita precoce ed elaborarne normalmente il lutto. Ad esempio, i bambini di due anni sono troppo piccoli per raffigurarsi l'idea che le persone muoiano e perché muoiano, sono anche incapaci di comprendere complesse motivazioni interpersonali. Quindi, una perdita grave nella fase di separazione-individuazione è molto probabile che porti a dinamiche depressive (Mahler, 1972; Furman, 1982).

Tra le circostanze che favoriscono la depressione vi è, inoltre, la noncuranza dei membri della famiglia per i bisogni dei figli: ad esempio, quando i genitori sono troppo oberati da difficoltà, oppure quando ignorano che i bambini hanno bisogno di spiegazioni per evitare di formarsi fantasmatiche spiegazioni del disagio in termini moralistici e autoriferiti (Wallerstein e Blakeskee, 1989). Un'altra circostanza che favorisce le tendenze depressive è un quadro famigliare che scoraggi ogni tipo di sofferenza, ad esempio negando il dispiacere. In questo caso, il mandato genitoriale patogeno che arriva al bambino è che il dolore è pericoloso e che i bisogni di conforto sono distruttivi. Infatti, a volte in un sistema famigliare prevale il principio morale che la sofferenza e altre forme di attenzione per sé e conforto personale siano egoistiche e segno di debolezza. Questo può portare l'infante a nascondere gli aspetti più vulnerabili del Sé e ad identificarsi con il genitore che formula quelle critiche (Miller, 1975/1977).

---

[82]   Crf. 2.3.

Nella storia delle persone maniacali, forse in maniera ancora più evidente che in quella dei depressi, si rintraccia un modello di ripetute separazioni traumatiche senza che il bambino abbia avuto alcuna opportunità di elaborarle emotivamente. Inoltre, sono molto frequenti critiche e violenze molto forti, sia emotive che fisiche, associate a indifferenza da parte del *caregiver*. Questo può spiegare il ricorso a una difesa primitiva come il diniego.

3.2.5 Comorbidità dei Disturbi dell'Umore con il Disturbo Borderline di Personalità

Nei capitoli precedenti si è evidenziato come i pazienti borderline con attaccamento invischiato siano più inclini a internalizzare il disagio, sviluppando una comorbidità con disturbi d'ansia o disturbi dell'umore.

A tal proposito, Gunderson e Phillips (1991) hanno esaminato la comorbidità tra un Disturbo Depressivo e il Disturbo Borderline di Personalità. Più nello specifico, hanno operato una diagnosi differenziale tra il Disturbo Depressivo Maggiore e quella che loro definiscono "depressione caratteriologica" tipica dei pazienti borderline. I loro risultati sono riassunti nella seguente tabella.

Depressione caratterologica borderline	Caratteristiche in comune	Disturbo depressivo maggiore
1. Solitudine, vuoto	1. Umore depresso: esordio precoce, grave	1. Sentimenti di colpa, rimorso
2. Rabbia conscia	2. Inutilità, impotenza	2. Ritiro/agitazione, gravi sintomi vegetativi
3. Ripetuti gesti suicidari	3. Fame oggettuale	3. Possibile suicidio
4. Relazioni richiedenti, ostili, dipendenti	4. Dipendenza nelle relazioni	4. Relazioni stabili
5. Preoccupazioni per la perdita interpersonale	5. Fragile autostime	5. Preoccupazioni per sconfitte e fallimenti
6. Illusoria autosufficienza (con una storia di dipendenza)		6. Figure curanti ben accette (con una storia di indipendenza)

Tab. 3.6 Diagnosi differenziale tra il Disturbo Depressivo Maggiore e la depressione caratteriologica dei borderline.

Inoltre, anche altri Autori (Kroll e Ogata, 1987; Liebowitz, 1992; Gabbard, 1995; Linehan, Kanter e Comtois, 1999; Vito, Ladame e Orlandini, 1999) hanno messo in evidenza l'esistenza nei pazienti al limite di una forma di depressione con caratteristiche specifiche, suggerendo l'idea che la depressione nei borderline sia differente dalla depressione dei pazienti non borderline.

Bergeret (1993) ha descritto la depressione comorbida al BPD come: poco profonda, con un raro manifestarsi di un rallentamento psicomotorio e con un grave disadattamento del soggetto alla propria realtà interna ed esterna. L'Autore sostiene, inoltre, che nei pazienti depressi con BPD, non sia così presente il senso di colpa e il rivolgimento dell'aggressività contro se stessi, tipico dei soggetti con Disturbi Depressivi. Preponderanti sembrano essere, invece, i sentimenti di irritabilità, collera e rabbia associati a un sentimento di impotenza/disperazione rispetto ad un oggetto irraggiungibile. Questo porta al crollo dell'immagine di Sé come onnipotente e idealizzata.

Westen, Moses e Kenneth (1992) tendono a confermare i suddetti quadri clinici e psicopatologici, definendo la "depressione borderline" caratterizzata da: un senso di vuoto cronico e di solitudine, disperazione rispetto alle figure d'attaccamento e affetti negativi labili e diffusi. Pazzagli e Monti (2000) chiamano in causa una depressione di tipo anaclitico-dipendente correlandola all'associazione disforia, rabbia e senso di solitudine. Anche Rogers e colleghi (1995) hanno ottenuto risultati a sostegno della tesi che la depressione nei pazienti borderline sia qualitativamente distinta dalla depressione in pazienti non borderline. Nominano come aspetti distintivi: il senso di vuoto, il timore di essere abbandonati, la disperazione, l'autodistuttività e l'autocondanna. Gunderson e Phillips (1991) sostengono che da temere sia l'acting-out suicida, poiché la rabbia è spesso più sentita dal soggetto che osservata dal clinico. Zanarini e colleghi (1998) hanno anch'essi evidenziato come tipici dei pazienti con BPD siano stati disforici quali: distruttività e autodistruttività, sentimenti esagerati, vittimizzazione, frammentazione e perdita dell'identità.

I dati di queste ricerche sono coerenti con la descrizione dei pazienti al limite come soggetti con un Super-Io non ancora integrato e una fissazione alla fase mahleriana di separazione-individuazione (Kernberg, 1987). Per questo, gli individui borderline sviluppano maggiormente una depressione anaclitica, dove predomina il tema della dipendenza, piuttosto che una depressione introiettiva, dove predomina il senso di colpa (Blatt, 1974).

Numerosi Autori (Levitt, Joffe, Ennis, MacDonald e Kutcher, 1990; Perugi, Akiskal, Lattanzi, Cecconi, Mastrocinque, Petronelli, et al., 1998) hanno suggerito una relazione tra DBP e

Disturbi dello spettro Bipolare, fino a ipotizzare di includere le manifestazioni del disturbo borderline fra quelle proprie dello spettro. Uno studio di Deltito e colleghi (2001) si è occupato di calcolare la comorbilità del DBP con il Disturbo Bipolare, adottando un criterio di definizione dello spettro progressivamente più ampio: se si considerano solo Disturbi Bipolari I e II, questi sono riscontrabili nel 32% dei pazienti borderline; se si aggiunge il temperamento bipolare, questa percentuale sale al 44%; se si considera anche l'ipomania farmacoindotta, la percentuale di disturbi dello spettro bipolare nel gruppo di soggetti con DBP sale al 69%; se infine si considera anche la familiarità per disturbo bipolare, il tasso di comorbilità arriva all'81%. L'interesse di questi dati risiede non tanto nel dimostrare il rapporto più o meno stretto che correla DBP e disturbi bipolari, quanto nel richiamare l'attenzione sull'importanza di definire i criteri dello spettro. I pazienti con BPD saranno, infatti, maggiormente comorbidi con la parte più anaclitica dello spettro bipolare.

Conclusione

Il Disturbo Borderline di Personalità (BPD) rappresenta, dal punto di vista diagnostico, una categoria psicopatologica molto ampia ed eterogenea. Avvalendomi della letteratura e delle ricerche condotte sull'argomento, ho cercato di evidenziare la possibilità di creare sottogruppi del BPD a seconda dell'attaccamento del paziente e della sua comorbidità con disturbi dell'Asse I del DSM-IV-TR. Un attaccamento insicuro sembra rappresentare un fattore di rischio per l'insorgenza di psicopatologie, tra cui il BDP; in particolare, un pattern invischiato porta il soggetto a sviluppare maggiormente sintomi internalizzanti, mentre un pattern distanziante si associa più spesso a una sintomatologia estrenalizzante. La presente tesi si focalizza sul sottogruppo dei pazienti con BPD e attaccamento invischiato, riconoscendo come questi individui abbiano effettivamente più comorbidità con Distrubi Ansioso-Depressivi.

Al termine della stesura di questo libro, ho riascoltato una canzone di Roberto Vecchioni (2002), dal titolo *Figlio, figlio, figlio*. È una canzone che mi aveva colpito già qualche anno fa, ma ora mi ha suscitato un'interpretazione personale differente, forse più consapevole. Vecchioni, in questi versi, impersona il ruolo del padre che parla di un figlio "disperato". Si fa domande su se stesso, sul suo bambino che ormai è cresciuto, e in qualche modo nelle parole stesse della canzone si dà delle risposte.

Inizia così:

> *Figlio chi t'insegnerà le stelle*
> *se da questa nave non potrai vederle?*

> *Chi t'indicherà le luci dalla riva?*
> *Figlio, quante volte non si arriva!*
> *Chi t'insegnerà a guardare il cielo fino a rimanere senza respiro?*
> *A guardare un quadro per ore e ore fino a avere i brividi dentro il cuore?*

Il padre è preoccupato che suo figlio senza di lui non riesca a orientarsi e non sia capace di far fronte alle frustrazioni della vita. Vecchioni parla di un padre che vede un figlio "disperato" che

94

si sta allontanando da lui. Spera che trovi qualcuno con cui sintonizzarsi emotivamente, che gli permetta di imparare a sua volta a sintonizzarsi affettivamente.

Che al di là del torto e la ragione contano soltanto le persone?
Che non basta premere un bottone per un'emozione?

Sembra che il padre dica: "Io ti ho insegnato cosa è socialmente giusto o sbagliato. Chi farà un passo in più? Chi, se non io, ti insegnerà come relazionarti, come non avere paura delle tue emozioni? Chi ti conterrà, chi ti aiuterà a crescere?"

Figlio, figlio, figlio, disperato giglio, giglio, giglio
luce di purissimo smeriglio, corro nel tuo cuore e non ti piglio
dimmi dove ti assomiglio figlio, figlio, figlio

"Figlio, sento che tu sei angosciato, che non sai gestire i tuoi sentimenti, che stai sbandando. Io ti voglio bene; ho provato a capirti, ma anche io faccio quello che posso e più di così non sono riuscito. Ci dev'essere qualcosa di simile in noi, purtroppo o per fortuna."

soffocato giglio, giglio, giglio, figlio della rabbia e dell'imbroglio,
figlio della noia e lo sbadiglio,
disperato figlio, figlio, figlio.

"Figlio, se sei così disperato è per colpa di come ti abbiamo cresciuto. C'era rabbia, imbroglio, noia e indifferenza. C'erano dei non detti e dell'aggressività. La tua disperazione è figlia di questo." Senso di colpa misto a consapevolezza e impotenza.

95

> *Figlio chi si è preso il tuo domani?*
> *Quelli che hanno il mondo nelle mani.*
> *Figlio, chi ha cambiato il tuo sorriso?*
> *Quelli che oggi vanno in paradiso.*

In questi versi, mi pare ci sia da parte del padre una svalutazione legata a una previa idealizzazione di se stesso come figura genitoriale.

> *Chi ti ha messo questo freddo nel cuore?*
> *Una madre col suo poco amore.*
> *Chi l'ha mantenuto questo freddo in cuore?*
> *Una madre col suo troppo amore.*

Qui mi sembra evidente il riferimento al rapporto del figlio con un *caregiver* invischiato. Si può supporre che all'origine della "disperazione" del figlio vi sia un attaccamento ansioso-ambivalente.

> *Figlio, chi ti ha tolto il sentimento?*
> *Non so di che parli, non lo sento.*
>
> *Cosa sta passando per la tua mente?*
> *Che non credo a niente.*

Il padre descrive un figlio che ha sopito qualunque sentimento. Sembra che questa negazione delle emozioni sia il frutto del non aver ricevuto abbastanza "tenerezza" dai genitori, i quali non hanno presentito ai suoi bisogni d'infante e alla necessità di sintonizzazione affettiva.

Figlio, qui la notte è molto scura,

non sei mica il primo ad aver paura;

non sei mica il solo a nuotare sotto

tutte due ci abbiamo il culo rotto:

Contraddicendosi, con questi versi il padre evidenzia come il figlio in realtà esprima almeno un sentimento, quello della paura. Anche per il padre la notte è "scura", senza punti di riferimento, come se non avessero insegnato neanche a lui a mentalizzare e simbolizzare la realtà in modo "sufficientemente buono".

non ci sono regole molto chiare,

tiro quasi sempre ad indovinare;

figlio, questo nodo ci lega al mondo:

devo dirti no e tu andarmi contro,

Il genitore riconosce l'esistenza di un forte legame padre e figlio, ma non sa neanche lui come gestirlo. Lo riduce al momento di separazione-individuazione. Il padre, come il figlio, sembrano essere fissati a quella fase.

tu che hai l'infinito nella mano

io che rendo nobile il primo piano;

figlio so che devi colpirmi a morte e colpire forte.

Vi è un'idealizzazione da parte del padre di sé e del figlio, mista a una forte ansia di separazione. Infatti, il genitore paragona l'individuazione del figlio alla sua propria morte. Emerge un sentimento ambivalente: da un lato l'angoscia nel pensare alla separazione dal figlio, dall'altro il bisogno che si distacchi da lui.

Dimmi, dimmi, dimmi cosa ne sarà di te?
Dimmi, dimmi, dimmi cosa ne sarà di te?
Dimmi cosa, dimmi cosa ne sarà di me?

L'angoscia di separazione permea anche la fine della canzone. Vecchioni canta di un *caregiver* invischiato e di un figlio con attaccamento insicuro-ambivalente, probabilmente fissato alla fase di separazione-individuazione. Un genitore che idealizza e svaluta e un figlio che nega. Resta da capire il livello di gravità della "disperazione" e dell'ansia.

In conclusione, questi versi, che qualche anno fa mi sembravano solo una richiesta d'aiuto per un adolescente "sbandato", ora mi rivelano il disagio personale di un padre "disperato" tanto quanto il figlio, forse proprio in modo simile al figlio. Un genitore che è stato egli stesso un adolescente frustrato. Resta da comprendere come interrompere questa trasmissione transgenerazionale disfunzionale.

Bibliografia

Abraham, K. (1924). Tentativo di una storia evolutiva della libido sulla base della psicoanalisi dei disturbi psichici. In *Opere*, vol. 1, Torino: Bollati Boringhieri, 1975.

Ainsworth, M.D.S. (1977). Social development in the first year of life: maternal influences on infant-mother attachment. In: Tanner, J.M. (Ed.) *Developments in psychiatric research.* London: Tavistock.

Ainsworth, M.D.S. (1978). *Patterns of attachment: assessed in the strange situation and the home.* Hillsdale (NJ): Lawrence Erlbaum.

Ainsworth, M.D.S. (1985). I. Patterns of infant-mother attachment: antecedents and effects on development; II. Attachments across the life span. *Bullettin of New York Academy of Medicine, 61,* 771-812.

Ainsworth, M.D.S. Bell, S.M. e Stayton, D.J. (1971). Individual differences in strange situation behavior of one-years-old. In: Shaffer, H.R. (Ed.) *The origins of human social relations.* London: Academic Press.

Ainsworth, M.D.S. e Bowbly, J. (1991) An ethological approach to personality development. *American Psychologist, 46,* 333-341.

Akhtar, S. (1992). *Broken structures: severe personalitu disorders and their treatment.* Northvale (NJ): Jason Aronson.

Akiskal, H.S. (1984). Characterologic manifestation of affective disorders: toward a new conceptualization. *Integrative psychiatry, 2,* 83-88.

Albasi, C. (2006). *Attaccamenti traumatici. I modelli operativi interni dissociati.* Novara: De Agostini Scuola.

Albasi, C. (2009). *Psicopatologia e ragionamento clinico.* Milano: Raffaello Cortina Editore.

Albasi, C. e Larosa, C, (2012). Il sistema di valutazione QFM, strumento clinician report sul funzionamento mentale, asse M del PSM –Manuale Diagnostico Psicodinamico- e sui livelli di organizzazione della personalità. Aspetti psicometrici e studio sulla valutazione. *Psichiatria e Psicoterapia, 31*, 3-32.

Alnaes, R. e Torgersen, S. (1990). DSM-III personality disorders among patients with major depression, anxiety disorders and mixed conditions. *Journal of Nervous and Mental Disease, 178*, 693-398.

Altschul, E. (1988). *Childhood bereavement and its aftermath*. Madison (CT): International Universities Press.

Ambrosiano, L. e Gaburri, E. (2013). *Pensare con Freud*. Milano: Raffaello Cortina Editore.

APA, American Psychiatric Association (1952). *Diagnostic and Statistical Manual of Mental Disorders, First edition, DSM-I*. Washington, DC: American Psychiatric Association.

APA, American Psychiatric Association (1968). *Diagnostic and Statistical Manual of Mental Disorders, Second edition, DSM-II*. Washington, DC: American Psychiatric Association.

APA, American Psychiatric Association (1980). *Diagnostic and Statistical Manual of Mental Disorders, Third edition, DSM-III*. Washington, DC: American Psychiatric Association (trad. it. Manuale Diagnostico e Statistico dei Disturbi Mentali, Masson, Milano, 1981).

APA, American Psychiatric Association (1994). *Diagnostic and Statistical Manual of Mental Disorders, Fourth edition, DSM-IV*. Washington, DC: American Psychiatric Association.

APA, American Psychiatric Association (2000a). *Diagnostic and Statistical Manual of Mental Disorders, Fourth edition text revised DSM-IV-TR*. Washington, DC: American Psychiatric Association (trad. it. Manuale Diagnostico e Statistico dei Disturbi Mentali, Masson, Milano, 2001).

APA, American Psychiatric Association (2000b). *Quick Reference to the Diagnostic Criteria from DSM-IV-TR*. Washington, DC: American Psychiatric Association (trad. it. Mini DSM-IV-TR Criteri diagnostici, Elsevier, Milano, 2002).

APA, American Psychiatric Association (2013). *Diagnostic and Statistical Manual of Mental Disorders, DSM-V*. Washington, DC: American Psychiatric Association.

Balint, M. (1945). Friendly expanses- Horrid empty spaces. *International Journal of Psychoanalysis, 36,* 225-241.

Balint, M. (1968). *The basic fault. Therapeutic Aspects of Regression.* London: Tavistock (trad.it. Il difetto fondamentale, in La regression. Milano: Cortina, 1983).

Baltt, S.J. (1974). Levels of object representation in analitic and introjective depression. *Psychoanalytic Study of the Child, 24,* 107-157.

Barone, L. (2003). Developmental protective and risk factors in borderline personality disorder: A study using the Adult Attachment Interview. *Attachment and Human Development, 5,* 64-77.

Barone, L. e Lionetti, F. (2013). Gli interventi evidence-based a sostegno della genitorialità: il contributo della teoria dell'attaccamento. Roma: Carocci.

Bateman, A.W., Fonagy, P. (2004). *Psychotherapy of Borderline Personality Disorder: mentalisation-based treatment.* Oxford: Oxford University Press (trad.it. Il trattamento basato sulla mentalizzazione. Psicoterapia con il paziente borderline. Milano, Raffaello Cortina, 2006).

Bellak, L., Hurvich, M. e Gediman, H. (1973). *Ego Functions in Schizophrenics, Neurotics, and Normals.* New York: Wiley.

Benoit, M., Bouthillier, D., Moss, E., Rousseau, C. e Brunet, A. (2010). Emotion regulation strategies as mediators of the association between level of attachment security and PTSD symptoms following trauma in adulthood. *Anxiety, Stress & Coping: An International Journal, 23,* 101-118.

Bergeret J. (1993). Psychologie Pathologique. Paris: Masson.

Blatt, S.J. (1974). Levels of object representation in analitic and introjective depression. *Psychoanalyitc Study of the Child, 24,* 107-157.

Blatt, S.J. (1995). Rapresentational structures in psychopathology. In Cicchetti, D. e Toth, S. (Ed.), *Rochester Symposium on Developmental Psychopatology, vol.IV: Emotion, Cognition, and Representation* (pp. 1-33). Rochester, NY: University of Rochester Press.

Blatt, S.J., Chevron, E.S., Quinlan, D.M., Schaffer, C.E. e Wein, S.J. (1988). *The assessment of qualitative and structural dimensions of objects representations.* Research manual non pubblicato, Yale University.

Blehar, M.C., Lieberman, A.F. e Ainsworth, M.D.S. (1977). Early face-to-face interaction and its relations to later infant-mother attachment. *Child Development, 48,* 182-194.

Bleichmar, H. (1997) *Avances en psicoterapia psicoanalitica.* Barcelona: Paidòs (trad. it. Psicoterapia psicoanalitica. Verso una tecnica di interventi specifici. A cura di Sacchi, D., Roma: Astrolabio, 2008).

Borgogno, F., (1999). *Psicoanalisi come percorso.* Torino: Bollati Boringhieri.

Borgogno, F. (2004). *Ferenczi oggi.* Torino: Bollati Boringhieri.

Borgogno, F. (2011). *La signorina che faceva hara-kiri e altri saggi.* Torino: Bollati Boringhieri.

Bornstein, R.F. (1998). Reconceptualizing personality disorder diagnosis in the DSM-V: The discriminant validity challenge. *Clinical Psychology: Science and Practice, 5,* 333-343.

Bowlby, J. (1951). *Maternal Care and Mental Health.* New York: Schocken (trad.it. Cure materne e igiene mentale del fanciullo. Firenze: Giunti-Barbera, 1957).

Bowbly, J. (1969). *Attachment and Loss (vol.1)..* London: Hogarth (trad.it. Attaccamento e perdita (vol.1). L'attaccamento alla madre. Torino: Bollati Boringhieri, 1972).

Bowbly, J. (1973). *Separation: Anxiety & Anger. Attachment and Loss (vol. 2).* London: Hogarth Press.

Bowbly, J. (1977). *The making and breaking of affectional bonds.* London: Tavistock (trad.it. Costruzione e rottura dei legami affettivi. Milano: Raffaello Cortina Editore, 1982).

Bowlby, J. (1979). *The making and breaking of affectional bonds.* New York: Brunner-Routledge.

Bowbly, J. (1980). *Attachment and Loss (vol.3). Loss, Sadness and Depression.* London: Hogarth (trad.it. Attaccamento e perdita (vol.3). La perdita della madre. Torino: Bollati Boringhieri, 1983).

Bowbly, J. (1988). *A secure base.* London: Routledge. (trad.it. Una base sicura. Milano: Raffaello Cortina Editore, 1989).

Brenner, I. (2001a). *Psychic Trauma: Dynamics, Symptoms, and Treatment.* Maryland: Jason Aronson.

Brenner, I. (2001b). *Dissociation of Trauma: Theory, Phenomenology, and Technique.* New York: International Universities Press.

Bretherton, I. (1987). New perspectives on attachment relations in infancy: security, communication and internal working models. In: Osofsky, J.D. (Ed.) *Handbook of infant development.* New York: Wiley.

Brewin, C.R., Andrews, B. e Valentine, J.D. (2000). Meta-analysis of risk factors for posttraumatic stress disorder in trauma-exposed adults. *Journal of Consulting and Clinical Psychology, 68,* 748-766.

Bromberg, P.M. (1998a). *Standing in the Spaces: Essays on Clinical Process, Trauma and Dissociation.* Hillsdale, NJ: The Analytic Press (trad.it. Standing in the spaces: clinica del trauma e della dissociazione. Milano: Raffaello Cortina, 2007).

Bromberg, P.M. (1998b). *Standing in the spaces: Essays on clinical process, trauma, and dissociation.* New Jersey: Analytic Press.

Bromberg, P.M. (2003). Something Wicked This Way Comes: Trauma, Dissociation, and Conflict: The Space Where Psychoanalysis, Cognitive Science, and Neuroscience Overlap. *Psychoanalytic Psychology, 20,* 511-535.

Burgess, R.G. (1984). *In the Field: An Introduction to Field Research.* London: Unwin Hyman.

Campbell, S. B., (1995), Behaviour problems in preschool children: A review of recent research, *Journal of Child Psychology and Psychiatry, 36, 1,* 115-119.

Cassidy, J. (1999). The nature of the child's ties. In J. Cassidy & P. R. Shaver (1999), *Handbook of attachment: Theory, research, and clinical applications.* New York: Guilford Press.

Cassidy, J. e Kobak, R. (1988). Avoidance and its relation to other defensive processes. 300-323. In J. Belsky e T. Nezworski (Ed.), *Clinical implications of attachment Hillsdale.* Hillsdale (NJ): Erlbaum.

Coid, J., Yang, M., Tyrer, P., Roberts, A. e Ullrich, S. (2006). Prevalence and correlates of personality disorder in Great Britain. *British Journal of Psychiatry, 188,* 423-431.

Coifman, K.G., Berenson, K., Rafaeli, E. e Downey, G. (2012). From negative to positive and back again; Polarized affective and relational experiences in Borderline Personality Disorder. *Journal of Abnormal Psychology, 121(3)*, 668-679.

Collins, N.L., Feeney, B.C. (2000). A safe haven: An attachment theory perspective on support seeking and caregiving in intimate relationships. *Journal of Personality and Social Psychology, 78*, 1053-1073.

Comtois, K.A., Cowley, D.S., Dunner, D.L. e Roy-Byrne, P.P. (1999). Relationship between borderline personality disorder and Axis I diagnosis in severity of depression and anxiety. *Journal of Clinical Psychiatry, 60*, 752-758.

Crittenden, P. (1985). Maltreated infants: vulnerability and resilience. *Journal of Child Psychology and Psychiatry, 26*, 85-96.

Danieli, Y., Brom, D. e Sills, J. (2005). *The Trauma of Terrorism.* Philadelphia: Haworth Press Inc.

Deltito, J., Martin, L., Riefkohl, J., Austria, B., Kissilenko, A., Corless, P. et al. (2001). Do patients with borderline personality disorder belong to the bipolar spectrum? *Journal of Affective Disorders, 67*, 221-22.

Dennett, D. (1987). *The Intentional Stance.* Cambridge: MIT Press.

Doron, G., Moulding, R., Nedeljkovic, M., Kyrios, M., Mikulincer, M., & Sar-El, D. (2005). Adult attachment insecurities are associated with obsessive compulsive disorder. *Psychology and Psychotherapy: Theory, Research and Practice.*

Dozier, M., Stovall-McClough, K.C. e Albus, K.E. (2008). Attachment and psychopathology in adulthood. In J. Cassidy & P.R. Shaver (Ed.) *Handbook of attachment: Theory, research, and clinical applications.* New York: Guilford Press.

Dupont, J. (1999) Il concetto di trauma secondo Ferenczi e suoi effetti sulla successiva ricerca psicoanalitica. In Borgogno, F. (Ed.), *La partecipazione affettiva dell'analista: il contributo di Sándor Ferenczi al pensiero psicoanalitico contemporaneo.* Milano: Angeli.

Ein-Dor, T., Mikulincer, M., Doron, G. e Shaver, P. R. (2010). The attachment paradox: How can so many of us (the insecure ones) have no adaptive advantages? *Perspectives on Psychological Science, 5*, 123-141.

Emde, R.N. (1983). The prerepresentational self and its affective core. *The Psychoanalyitc Study of the Child, 38,* 165-192.

Erikson, E.H. (1950). *Childhood and society.* New York: Norton (trad. it. Infanzia e società. Roma: Armando editore, 1966).

ESEMeD, European Study on the Epidemiology of Mental Disorders (2004). *Acta Psychiatr Scand, 109,* 21-27.

Fairbairn, W.R.D. (1944). *Endopsychic Structure Considered in Terms of Object-Relationships.* (trad.it. La struttura endopsichica considerate in termini di relazioni oggettuali) In: Fairbairn, W.R.D. (1952). *Psychoanalytic Studies of the Personality.* London: Tavistock (trad.it. Studi psicoanalitici sulla personalità. Torino: Bollati Boringhieri, 1970).

Fairbairn, W.R.D. (1952a), *An Object-relations Theory of Personality.* New York: Basic Books (trad.it. Studi psicoanalitici sulla personalità. Torino: Bollati Boringhieri, 1952).

Fairbairn, W.R.D. (1952b). *Psychoanalytic Studies of the Personality.* United Kingdom: Psychology Press (trad. it. Studi psicoanalitici sulla personalità. Torino: Bollati Boringhieri, 1970).

Farber, B. (1959). Effects of a severely retarded child on family integration. *Monographs of the Society of Research in Child Development, 24.*

Fenichel, O. (1945). *The Psychoanalytic Theory of Neurosis.* Vienna: The international library of psychology. (trad.it. Trattato di psicoanalisi delle nevrosi e delle psicosi. Roma: Astrolabio, 1951).

Ferenczi, S., (1913). Stages in the Development of a Sense of Reality. *First Contributions in Psychoanalysis,* 213-239.

Ferenczi, S. (1929). Il bambino mal accolto e la sua pulsione di morte. In *Opere, vol.4.* Milano: Cortina, 2002.

Ferenczi, S. (1932a). Confusione di lingue tra gli adulti e il bambino. In *Opere, vol.4.* Milano: Cortina, 2002.

Ferenczi, S. (1932b). *Diario clinico.* Milano: Cortina, 1988.

Fonagy, P. (1991). Thinking about thinking: Some clinical and theoretical considerations in the treatment of a borderline patient. *International Journal of Psycho-Analysis, 72,* 639-656.

Fonagy, P. (1995). Attachment, the reflective self, and borderline states In: Goldberg, S., Muir, R. e Kerr, J. (Ed.), *Attachment Theory: Social, developmental and clinical perspectives.* Hillsdale (NJ): Analytic Press.

Fonagy, P. (2001). *Attachment theory and psychoanalysis.* New York: Other Press. (trad.it. Psicoanalisi e teoria dell'attaccamento. Milano: Raffaello Cortina Editore, 2002).

Fonagy, P., (2004). Psychotherapy meets neuroscience. A more focused future for psychotherapy research. *Psychiatric Bullettin, 28,* 357-359.

Fonagy, P., Steele, H., Moran, G.S., Steele, M. e Higgitt, A. (1991). The capacity for understanding mental states: The reflective self in parent and child and its significance for security of attachment. *Infant Mental Health Journal, 12,* 201-218.

Fonagy, P. e Target, M. (1994). The efficacy of psychoanalysis for children with disruptive disorders. *Journal of the American Academy of Child and Adolescent Psychiatry, 33,* 45-55.

Fonagy, P., Leigh, T. e Steele, M. (1996). The relation of attachment status, psychiatric classification, and response to psychotherapy. *Journal of Consulting and Clinical Psychology, 64,* 22-31.

Fonagy, P., Luyten, P. e Strathearn, L. (2001). Borderline Personality Disorder, Mentalization, and the Neurobiology of Attachment. *Infant Mental Health Journal, 32,* 47-69.

Ford, J.D. (1999). Disorders of extreme stress following war-zone military trauma. *Journal of Consulting and Clinical Psychology, 67,* 3-12.

Forman, E.M., Berk, M.S., Henriques, G.R., Brown, G.K. e Beck, A.T. (2004). History of multiple suicide attempts as a behavioral marker of severe psychipathology. *American Journal of Psychiatry, 161,* 437-443.

Freud., S. (1892). *Beiträge zu "Vorläufige Mitteilung".* Wien: Internationaler Psychoanalytischer Verlag. (trad. it. Abbozzi per la "Comunicazione preliminare". Musatti., C.L. (Ed.), Opere di Sigmund Freud, vol.2. Torino: Bollati Boringhieri, 1966-80).

Freud., S. (1894). *Die Abwehr-Neuropsychosen.* Wien: Internationaler Psychoanalytischer Verlag. (trad. it. La neuropsicosi da difesa. Musatti., C.L. (Ed.), Opere di Sigmund Freud, vol.2. Torino: Bollati Boringhieri, 1966-80).

Freud, S. (1905). *Drei Abhandlungen zur Sexualtheorie.* Wien: Internationaler Psychoanalytischer Verlag. (trad. it. Tre saggi sulla teoria sessuale. Musatti., C.L. (Ed.), Opere di Sigmund Freud, vol.8. Torino: Bollati Boringhieri, 1966-80).

Freud, S. (1909). *Über Psychoanalyse.* (trad. it. Cinque conferenze sulla psicoanalisi. Musatti, C.L. (Ed.), Opere di Sigmund Freud, vol.6. Torino: Bollati Boringhieri, 1966-80).

Freud., S. (1914). *Zur Einführung des Narzissmus.* Wien: Internationaler Psychoanalytischer Verlag. (trad. it. Introduzione al narcisismo. Musatti., C.L. (Ed.), Opere di Sigmund Freud, vol.7. Torino: Bollati Boringhieri, 1966-80).

Freud, S. (1913). *Die Disposition zur Zwangsneurose.* Wien: Internationaler Psychoanalytischer Verlag. (trad. it. La disposizione alla nevrosi ossessiva. Musatti., C.L. (Ed.), Opere di Sigmund Freud, vol.7. Torino: Bollati Boringhieri, 1966-80).

Freud, S. (1915). *Triebe und Triebschicksale.* Wien: Internationaler Psychoanalytischer Verlag. (trad. it. Pulsioni e loro destini. Musatti., C.L. (Ed.), Opere di Sigmund Freud, vol.8. Torino: Bollati Boringhieri, 1966-80).

Freud, S. (1915-1917). *Vorlesungen zur Einführung in die Psychoanalyse.* Wien: Internationaler Psychoanalytischer Verlag. (trad. it. Introduzione alla psicoanalisi. Musatti., C.L. (Ed.), Opere di Sigmund Freud, vol.8. Torino: Bollati Boringhieri, 1966-80).

Freud, S. (1920). *Jenseit des Lustprinzips.* Wien: Internationaler Psychoanalytischer Verlag. (trad. it. Al di là del principio di piacere. Musatti., C.L. (Ed.), Opere di Sigmund Freud, vol.9. Torino: Bollati Boringhieri, 1966-80).

Freud, S. (1922). *Das Ich und das Es.* Wien: Internationaler Psychoanalytischer Verlag. (trad. it. L'Io e l'Es. Musatti., C.L. (Ed.), Opere di Sigmund Freud, vol.9. Torino: Bollati Boringhieri, 1966-80).

Freud, S. (1926). *Hemmung, Symptom und Angst.* Wien: Internationaler Psychoanalytischer Verlag. (trad. it. Inibizione, sintomo e angoscia. Musatti., C.L. (Ed.), Opere di Sigmund Freud, vol.10. Torino: Bollati Boringhieri, 1966-80).

Freud, A. (1936). *Das Ich und die Abwehrmechanisme,* Frankfurt: Fischer Taschenbuch. (trad. it. L'io e i meccanismi di difesa. In Opere, vol.1. Torino: Bollati Boringhieri, 1985).

Freud, S. (1938). *Abriss der Psychoanalyse* Wien: Internationaler Psychoanalytischer Verlag. (trad. it. Compendio di psicoanalisi. Musatti., C.L. (Ed.), Opere di Sigmund Freud, vol.9. Torino: Bollati Boringhieri, 1966-80).

Freud, A. (1946). The Psychoanalytic Treatment of Children, London: Imago Publishing Co., Ltd.

Furman, E. (1982). Mothers have to be there to be left. *Psychoanalytic Study of the Child, 37,* 15-28.

Gabbard, G. (1995). *Treatments of psychiatric disorders.* Washington (DC): American Psychiatric Press.

Gabbard, G.O., (2001). What can neuroscience teach us about transference?. *Canadian Journal of Psychoanalysis, 9,* 1-18.

Galeson, E. e Roiphe, H. (1977). Some Suggestes Revisions Concerning Early Female Development. *Blum,* 29-57.

Garmezy, N. (1974). The study of competence in children at risk for severe psychopathology. In: E. J. Anthony e C. Koupernik (Ed.), *The child in his family: Children at psychiatric risk.* New York: Wiley.

George, C., Kaplan, N. e Main, M. (1985). *Adult attachment interview protocol.* Unpublished manuscript, University of California at Berkeley.

Goodwin, F.K. e Jamison, K.R. (1990). *Manic-Depressive Illness.* New York: Oxford University Press.

Granieri, A. (2004). *Incontrare l'altro. Dimensioni affettive in psicologia clinica.* Torino: UTET.

Granieri, A. (2009). *Esperienze di ascolto in situazioni di crisi.* Genova: Fratelli Frilli Editori.

Granieri, A. (2011). *Corporeo affetti e pensiero. Intreccio tra psicoanalisi e neurobiologia.* Novara: De Agostini Scuola.

Grant, B.F., Hasin, D.S., Goodwin, R.D. e Stinson, F.S.(2005) Epidemiology of major depressive disorder: results from the National Epidemiologic Survey on Alcoholism and Related Conditions. *Archives of General Psychiatry, 62*(10), 1097-1106.

Grant, B.F., Chou, S.P., Goldstein, R.B., Huang, B., Stinson, F.S., Saha, T.D. et al. (2008). Prevalence, Correlates, Disability, and Comorbidity of DSM-IV Borderline Personality Disorder: Results from the Wave 2 National Epidemiologic Survey on Alcohol and Related Conditions. *Journal of Clinical Psychiatry, 69*(4), 533-545.

Gross, R., Olfson, M., Gameroff, M., Shea, S., Feder, A., Fuentes, M. et al. (2002). Borderline personality disorder in primary care. *Archives of Internal Medicine, 162*, 53-60.

Grossmann, K.E., Grossmann K. e Schwan, A. (1986). Capturing the wider view of attachment: a reanalysis of Ainsworth's strange situation. In: Izard, C.E., Read, P.B. (Ed.) *Measuring emotions in infants and children, 2.* New York: Cambridge University Press.

Gunderson, J.G. (1984). *Borderline personality disorder*. Washington, DC: American Psychiatric Press.

Gunderson, J.G. (2001). *Borderline personality disorder: A clinical guide*. Washington, DC: American Psychiatric Press (trad. it. La personalità borderline: una guida clinica, Cortina, Milano, 2003).

Gunderson, J.G. e Phillips, K.A. (1991). A current view of the interface between borderline personality disorder and depression. *American Journal of Psychiatry, 148*, 967-975.

Hankin, B. L., Kassel, J. D. e Abela, J. R. Z. (2005). Adult attachment dimensions and specificity of emotional distress symptoms: Prospective investigations of cognitive risk and interpersonal stress generation as mediating mechanisms. *Personality and Social Psychology Bulletin*, 31, 136-151.

Harlow, H.F., Zimmermann, R.R. (1959). Affecional responses in the infant monkey. *Science, 130,*421.

Hazan, C. e Shaver, P. (1987). Romantic love conceptualized as an attachment process. *Journal of Personality and Social Psychology, 52,* 511-524.

Heimann, P. (1950). On counter-transference. *International Journal of Psycho-Analysis, 31*, 81-84.
Heimann, P. (1965). *Comment on Dr. Kernberg's Paper on "Structural Derivatives on Object Relationships".* (trad.it. Considerazioni sull'articolo del dr. Kernberg sui "Derivati strutturali dei rapport oggettuali" in Heimann, P., 1989).

Helzer, J.E., Chmura Kraemer, H., Krueger, R.F., Wittchen, H., Sirovatka, P.J. e Regier, D.A. (Ed.) (2008). *Dimensional Approaches in Diagnostic Classification. Refining the Research Agenda for DSM-V.* Washington, DC: American Psychiatric Association.

Izard, C.E. (1982). *Measuring emotions in infants and children.* Cambridge: Cambridge University Press.

Jackson J.H. (1958). *Selected Writings of John Hughlings Jackson (Vol. II).* New York: Basic Books.

Jackson, H.J. e Burgess, P.M. (2000). Personality disorders in the community: a report from the Australian National Survey of Mental Health and Wellbeing. *Social Psychiatry and Psychiatric Epidemiology, 35,* 531-538.

Jacobson, E. (1971). *Depression: Comparative studies of normal, neurotic and psychotic conditions.* New York: International Universities Press (trad.it. La depressione. Studi comparative degli stati normali, nevrotici e psicotici. Firenze: Martinelli, 1977).

Katan, M. (1953). Mania and the pleasure principle: primary and secondary symptoms. In Greenacre, P. (Ed.), *Affective disorders.* New York: International Universities Press.

Keelman, J. (1977). Freud's Views on Early Female Sexuality in the Licht of Direct Child Observation. *Blum,* 3-27.

Kendler, K.S., Prescott, C.A., Myers, J., & Neale, M.C. (2003). The structure of genetic and environmental risk factors for common psychiatric and substance use disorder in men and women. *Archives of General Psychiatry, 60,* 929-937.

Kernberg, O.F. (1967) Borderline personality organization. *Journal of the American Psychoanalytic Association, 15,* 641-685.

Kernberg, O.F. (1968). The treatment of patients with borderline personality organization. *International Journal of Psychoanalysis, 49,* 600-619.

Kernberg, O.F. (1975). Treatment of narcissistic personalities: reply to Ornstein. *International Journal of Psychoanalysis, 56,* 245-248.

Kernberg, O.F. (1976). *Object Relations Theory and Clinical Psychoanalysis*. New York: Aronson (trad. it. Teoria della relazione oggettuale e clinica psicoanalitica. Torino: Bollati Boringhieri, 1980).

Kernberg, O.F. (1984). *Severe Personality Disorders: Psychotherapeutic Strategies*. New Haven/ London: Yale University Press (trad. it. Disturbi Gravi della Personalità. Torino: Bollati Boringhieri, 1987).

Kernberg, O.F., Selzer, M., Koenigsberg, H., Carr, A. e Appelbaum, A. (1987). *Psychodynamic Psychotherapy of Borderline Patients*. New York: Basic Books.

Kernberg, P.F., Weiner, A.S. e Bardenstein, K.K. (2000). *Personality Disorders in Children and Adolescents*. New York: Basic Books.

Kessler, R.C., Chiu, W.T., Demler, O., Merikangas, K.R. e Walters, E.E. (2005). Prevalence, severity, and comorbidity of 12-month DSM-IV disorders in the National Comorbidy Survey Replication. *Archives of General Psychiatry, 62*, 617-627.

Keyes, K., Hasin, D., Miriam, Ph.D., Fenton, C., Andrew, M.P.H., Skodol, M.D. et al. (2011) Personality Disorders and the 3-Year Course of Alcohol, Drug, and Nicotine Use Disorders. *Archives of General Psychiatry, 68*, 1158-1167.

Klein, M. (1932). *Die Psychoanalyse des Kindes*. Vienna: Internaler Psa. Verlag (trad. it. La psicanalsi del bambino. Parigi: Presses Universitaires de France, 1959).

Klein, M. (1935). A contribution to the psychogenesis of manic-depressive states., *International Journal of Psychoanaysis, 16*, 145-174.

Klein, M. (1940). Mourning and its relation to manic-depressive states. *International Journal of Psychoanalysis, 21,* 125-153.

Klein, M. (1946). Notes on some schizoid mechanisms. *International Journal of Psychoanalysis, 27,* 99-110.

Klein, M. (1948). A contribution to the theory of anxiety and guilt. *International Journal of Psychoanalysis, 29,* 113-123.

Kleindienst, N., Bohus, M., Ludascher, P. e Limberger, M.F. (2008). Motives for nonsuicidal self-injury among women with borderline personality disorder. *Journal of Nervous and Mental Disease 196(3),* 230-236.

Kobak, R.R. e Sceery, A. (1988). Attachment in late adolescence; working models, affect regulation and representations of self and others. *Child Development, 59.*

Kohut, H. (1971). *The Analysis of the Self: A Systematic Approach to the Psychoanalytic Treatment of Narcissistic Personality Disorders.* New York: International Universities Press. (trad.it. Narcisismo e analisi del Sé. Torino: Bollati Boringhieri, 1976).

Kohut, H. (1977). *The Restoration of the Self* . New York: International Universities Press. (trad.it. La guarigione del Sé. Torino: Bollati Boringhieri, 1980).

Kraepelin, E. (1903). *Psychiatrie : ein Lehrbuck für Studierende und Aerzte.* Leipzig: J. A. Barth (trad. it. Introduzione alla clinica psichiatrica, Società Editrice Libreria, Milano, 1905).

Kroll, J. e Ogata, S. (1987). The relationship of borderline personality disorder to the affective disorders. *Psychiaric Developments, 2,* 105-128.

Krystal, H. (1968). *Massive Psychic Trauma.* New York: International Universities Press.

Krystal, H. (1988). *Integration and self-healing: Affect, trauma, alexithymia.* Hillsdale (NJ): Analytic Press (trad.it. Affetti, trauma, alessitimia. Roma: Magi, 2007).

Kutchins, H. e Kirk, S. (1997). *Making Us Crazy: DSM: The Psychiatric Bible and the Creation of Mental Disorders.* New York: Free Press (trad. it. Ci fanno passare per matti. Roma, Fioriti, G., 2003).

Lagache, D. (1958). La psychanalyse et la structure de la personnalité. In *La Psychanalyse, vol. VI.* Paris: Presses Universitaires de France.

Laplanche, J. e Pontalis, J.B. (1967). *Vocabulaire de la psychanalyse.* Paris: Presses Universitaires de France (trad. it. Enciclopedia della psicanalisi. Lagache, D. e Fuà, G. (Ed.), Bari: Laterza, 1968).

Laughlin, H.P. (1967). *The neuroses.* New York: Appleton-Century-Crofts.

Lenzenweger, M.F., Lane, M.C., Loranger, A.W. e Kessler, R.C. (2007). DSM-IV personality disorders in the National Comorbidity Survey Replication. *Biologocal Psychiatry, 62,* 553-564.

Lesage, A.D., Boyer, R., Grunberg, E., Vanier, C., Morrisette, R., Menard-Buteau, C. e Loyer, M. (1994). Suicide and mental disorders: A case control study of young men. *American Journal of Psychiatry, 151,* 1063-1068.

Levitt, A.J., Joffe, R.T., Ennis, J., MacDonald, C. e Kutcher, S.P. (1990). The prevalence of cyclothymia in borderline personality disorder. *Journal of clinical psychiatry, 51,* 335-339.

Liebowitz, M.R. (1992). Diagnostic issues in anxiety disorders. In Tasman, A. e Riba, M.B. *Review of Psychiatry.* Washington (DC): American Psychiatric Press.

Lilienfeld, S.O., Waldman, I.D. e Israel, A.C. (1994). A critical examination of the use of the term "comorbidity" in psychopathology research. *Clinical Psychology Science and Practice, 1,* 71-83.

Linehan, M. M., Kanter, J. e Comtois, K. A. (1999). Dialectical Behavior Therapy for borderline personality disorder. In Janowsky, D.S. (Ed.) *Psychotherapy Indications and Outcomes.* Washington, DC: American Psychiatric Press.

Liotti, G. (1999). Disorganization of attachment as a model for understanding dissociative psychopathology. 291-317. In: Solomon, J. e George, C. (Ed.), *Disorganization of attachment.* NewYork: Guilford.

Livesley, W.J. (2003). Diagnostic dilemmas in classifying personality disorder. In Phillips, K.A., First, M.B., Pincus, H.A. (Ed.), *Advancing DSM: Dilemmas in Psychiatric Diagnosis* (pp. 153-190). Washington, DC: American Psychiatric Association.

Looper, K. e Paris, J. (2000). What are the dimensions underlying cluster B personality disorders? *Comprehensive Psychiatry, 41,* 423-437.

Lorenz, K.Z. (1935). Der Kumpan in der Umvelt des Vogels. *Journal für Ornithologie, 83,* 137-213.

Lowry, C.A., Shekhar, A., Hale, M.W. (2012). Stress-related Serotonergic Systems: Implications for Symptomatology of Anxiety and Affective Disorders. *Cellular and Moleculas Neurobiology, 32,* 695-708.

Mahler, M.S. (1971). A study of the separation-individuation process and its possible application to borderline phenomena in the psychoanalytic situation. *Psychoanalytic Study of the Child, 26,* 403-424.

Mahler, M.S. (1972). On the first three subphases of the separation-individuation process. *International Journal of Psychoanalysis, 53,* 333-338.

Main M. (1991). Metacognitive knowledge, metacognitive monitoring, and singular (coeherent) vs. multiple (incoherent) model of attachment. In Parkes C.M., Stevenson-Hinde J., Marris P., *Attachment across life circle.* London-New York: Routledge.

Main, M. e Cassidy, J. (1988). Categories of response with the parent at age six: predicted from infant attachment classifications and stable over a one month period. *Developmental Psychology.*

Main, M. e Weston, D. (1981). Quality of attachment to mother and to father: related to conflict behavior and the readiness for establishing new relationships. *Child Development, 52,* 932-940.

Main, M., Kaplan, N. e Cassidy, J. (1985). Security in infancy, childhood and adulthood: a move to the level of representation. In: Bretherton, I., Waters, E. (1985). *Growing point in attachment: Theory and research.* Chicago: University of Chicago Press.

Main, M. e Hesse, E. (1988). Lack of resolution of mourning in adulthood and its relationship to infant organization: some speculations regarding casual mechanisms. In: Greenberg, M., Cicchetti, D., Cummings, M. (1988). *Attachment in preschool years.* Chicago: University of Chicago Press.

Main, M. e Solomon, J. (1987). Procedure of identifying infants as disorganized/disoriented during the Ainsworth Strange Situation. In: Greenberg, M, Cicchetti, D., Cummings, M. (Ed.) *Attachments in the preschool years.* Chicago: University of Chicago Press.

Marganska, A., Gallagher, M. e Miranda, R. (2013). Adult Attachment, Emotion Dysregulation, and Symptoms of Depression and Generalized Anxiety Disorder. *American Jurnal of Orthopsychiatry, 83,* 131-141.

Masse, L.C. e Trembay, R.E. (1996). Behavior of boys in kindergarten and the onset of substance use during adolescence. *Archives of General Psychiatry, 54,* 62-68.

Masterson, J.F. (1976). *Psychotherapy of the borderline adult: A developmental approach.* New York: Brunner/Mazel.

McGirr, A., Paris, J., Lesage, A., Renaud, J. e Turecki, G. (2007). Risk factors for suicide completion in borderline personality disorder; A case-control study of cluster B comorbidity and impulsive aggression. *Journal of Clinical Psychiatry, 68,* 721-729.

McLean, L.M. e Gallop, R. (2003). Implications of childhood sexual abuse for adult borderline personality disorder and complex post-traumatic stress disorder. *America Journal of Psychiatry, 160*, 369-371.

McWilliams, N. (1994). *Psychoanalytic Diagnosis. Understanding personality structure in the clinical process.* New York/London: The Guilford Press (trad. it. La diagnosi psicoanalitica. Struttura della personalità e processo clinico. A cura di Baldaccini, G. e Riommi Baldaccini, L., Roma: Astrolabio, 1999).

Meares, R., Gerull, F., Stevenson, J., Korner, A. (2011). Is self disturbance the core of borderline personality disorder? An outcome study of borderline personality factors. *Australian & New Zealand Journal of Psychiatry, 45(3)*, 214-222.

Meares, R.A., Yee, L., Korner, A.J., McSwiggan, S., Stevenson, J. (2005). Persistent hallucinosis in borderline personality disorder. *Comprehensive Psychiatry, 46*, 147-154.

Melges, F.T. e Swarts, M.S. (1989). Oscillations of attachment in borderline personality disorder. *The American Journal of Psychiatry, 146(9)*, 1115-1120.

Miller, A. (1975). *The Drama of the Gifted Child.* New York: Basic Books (trad.it. Il dramma del bambino dotato e la ricerca del vero Sé. Torino: Bollati Boringhieri, 1977).

Money, J. e Ehrhardt , A.(1972). *A Man, woman, boy, girl.* Baltimore, MD: Johns Hopkins University Press (trad.it. Uomo, donna, ragazzo, ragazza. Milano: Feltrinelli, 1977).

Morris, D. (1981). Attachment and intimacy. In: Stricker, G. (Ed.) *Intimacy.* New York: Plenum.

Murray, C.J. e Lopez, A.D. (1996). The Global Burden of Disease: a comprehensive assessment of mortality and disability from diseases, injuries and risk factors in 1990 and projected to 2020. Cambridge (MA): Harvard School of Public Health.

Nunberg, H. (1932). Allgemeine Neurosenlehre auf psychianalytischer Grundlage. *Zeitschrift für Parapsychologie, 7.*

Ozer, E.J., Best, S.R., Lipsey, T.L., Weiss, D.S. (2008). Predictors of posttraumatic stress disorder and symptoms in adults: A meta-analysis. *Psychological Trauma: Theory, Research, Practice, and Policy, S(1)*, 3-36.

Paris, J. (2006). *Half in love with death: Managing the chronically suicidal patient.* Florence (KY): Erlbaum.

Paris, J. (2011). *Treatment of Borderline Personality Disorder. A Guide to Evidence-Based Practice.* New York-London: The Guilford Press (trad. it. Il disturb borderline di personalità, Bologna, il Mulino, 2011).

Patrick, M., Hobson, R. P. e Castle, P. (1994) Personality disorder and the mental representation of early social experience. *Developmental Psychopathology, 94,* 375-388.

Pazzagli, A. e Monti, M. (2000). Dysphoria and Aloneness in Borderline Personality Disorder. *Psychopathology, 33 ,*220-226.

PDM Task Force (2006). *Psychodynamic Diagnostic Manual (PDM).* Washington, DC: American Psychoanalytic Association (trad. it. Manuale diangnostico psicodinamico (PDM). Milano: Raffaello Cortina Editore, 2008).

Perugi, G., Akiskal, H.S., Lattanzi, L., Cecconi, D., Mastrocinque, C., Petronelli, A., et al. (1998). *The high prevalence of "soft" bipolar (II) features in atypical depression. Comprehensive Psychiatry, 39,* 63-71.

Pizer, S.A. (1998). *Building Bridges: the Negotiation of Paradox in Psychoanalysis.* Hillsdale: The Analytic Press.

Pollak, J. (1987). Obsessive-Compulsive Personality: Theoretical and Clinical Perspectives And Recent Research Findings. *Journal of Personality Disorders, 1,* 248-262.

Radke-Yarrow, M. (1985). Patterns of attachment in two -and three- years olds in normal families and families with parental depression. *Child Development, 56,* 884-893.

Reich, J. (1986). The epidemiology of anxiety. *New Directions of Mental Health Services, 32,* 11-30.

Reich, W. (1933). *Character analysis* or in the original: *Charakteranalyse: Technik und Grundlagen für studierende und praktizierende Analytiker.* California: Selbstverl. des Verf. (trad.it. Analisi del carattere. Milano: SugarCo, 1973).

Rice, J., Reich, T., Andreason, N.C., Endicott, J., Van Eerdewegh, M., Fishman, R., Hirschfeld, R.M. e Klerman, G.L. (1987). The familial transmission of bipolar illness. *Archives of General Psychiatry, 44,* 441-447.

Rickman, J. (1957). *Selected Contributions to Psycho-Analysis.* London: The Hogarth Press.

Ricks, M.H. (1985). The social transmission of parental behavior: attachment across generations. In: Bretherton, I., Waters, E. (Ed.) Growing points in attachment theory and research. *Monograph of the Society for Research in Child Development Serial, 209,* 211-227.

Rizzuto, A.M. (1991). Shame in Psychoanalysis: The Function of Unconscious Fantasies. *International Journal Psychoanalysis, 72,* 297-312.

Rogers, J.H., Widiger, T.A. e Krupp, A. (1995). Aspects of depression associated with borderline personality disorder. *American Journal of Psychiatry, 152,* 268-270.

Salzman, L. (1980). Sullivan's Views on the Obsessional States. *Contemporary Psychoanalysis, 16,* 271-286.

Sansone, R.A. e Sansone, M.A. (2011). Gender Patterns in Borderline Personality Disorder. *Innovations in Clinical Neuroscience, 8,* 16-20.

Schachner, D.A., Shaver, P.R. e Mikulincer, M. (2005). Patterns of Nonverbal Behavior and Sensivity in the Context of Attachment Relations. *Journal of Nonverbal Behavior, 29,* 141-169.

Shapiro, T. e Stine, J. (1965). The Figure Drawings of Three-Year-Old Children. *The Psychoanalytic Study of the Child, 20,* 298-306.

Shelder, J. e Westen, D. (2004). Refining personality disorder diagnosis: Integrating science and practice. *American Journal of Psychiatry, 161,* 1350-1365.

Shengold, L. (1989). Soul murder: The effects of childhood abuse and deprivation. *New Haven: Yale University.*

Shore, A.N. (2002). Dysregulation of the right brain: A fundamental mechanism of traumatic attachment and the psychopathogenesis of post-traumatic stress disorder. *Australian and New Zealand Journal of Psychiatry,36,* 9-30.

Shore, A.N. (2003) *Affect Regulation and the Repair of the Self.* New York-London: Norton & Company (trad.it. La regolazione degli affetti e la riparazione del Sé. Roma: Astrolabio, 2008).

Simonelli, L., Ray, W. e Pincus, A. L. (2004). Attachment models and their relationships with anxiety, worry and depression. Counseling and Clinical Psychology Journal, 1, 107–118.

Solomon, Z. e Laufer, A. (2010). Posttraumatic Symptoms and Posttraumatic Growth Among Israeli Youth Exposed to Terror Incidents. *Journal of Social and Clinical Psychology, 25,* 429-447.

Spitzer, R.L. e Williams, J.B.W. (1982). The definition and diagnosis of mental disorders. *Sage Annuals Reviews of Studies in Deviance, 6,* 15-31.

Sroufe, L.A. (1983). Infant-caregiver attachment and patterns of adaptation in pre-school: the roots of maladaptation and competence, In: Perlmutter, M. (Ed.) *Minnesota Symposium in Child Psychology, 16,* 41-81. Minneapolis: University of Minnesota Press.

Sroufe, L.A. (1985). Attachment-classification from the perspective of infant-caregiver relationship and infant temperament. *Child Development, 56,* 1-14.

Stalker, C.A. e Davies, F. (1995). Attachment organization and adaptation in sexually-abused women. *Canadian Journal of Psychiatry, 40,* 234-240.

Stern, D.N. (1977). *The first relationship: infant and mother.* London: Fontana, Open Books.

Stern, D.N. (1985). *The interpersonal word of the infant.* New York: Basic Books (trad.it. Il mondo interpersonale del bambino. Torino: Bollati Boringhieri, 1987).

Stern, B.D. (1997). *Unformulated Experience.* Hillsdale: The Analytic Press.

Stern, D.N. (2004). *The Present Moment in Psychotherapy and Everyday Life.* New York: Norton & Company (trad. it. Il momento presente. Milano: Raffaello Cortina Editore, 2004).

Stoller, R. (1977). Primary Femininity. *Blum,* 59-78.

Stone, L. (1954). The widening scope of indications for psycho-analysis. *Journal of the American Psychoanalytic Association, 2,* 567-594.

Stratton, K., Howe, C. e Battaglia, F.(1996). *Fetal Alcohol Syndrome: Diagnosis, Epidemiology, Prevention, and Treatment.* Washington, DC: National Academy Press.

Sullivan, H.S. (1953). *Interpersonal Theory of Psychiatry.* New York: Norton & Company. (trad.it. La teoria interpersonale della psichiatria. Milano: Feltrinelli, 1962).

Tadić, A., Wagner, S., Hoch, J., Başkaya, O., Cube, R., Skaletz, C., Lieb, K. e Dahmen, N. (2009). Gender Differences in Axis I and Axis II Comorbidity in Patients with Borderline Personality Disorder. *Psychopathology, 42,* 257-263.

Terr, L. (1995). *Unchained Memories: True Stories of Traumatic Memories Lost and Found.* New York: Basic Books (trad.it. Il pozzo della memoria. Milano: Garzanti, 1996).

Thornicroft, G. e Sartorius, N. (1993). The course and outcome of depression in different cultures: 10-year follow-up of the WHO Collaborative Study on the Assessment of Depressive Disorders. *Psychological Medicine, 23,* 1023-1032.

Tomko, R. L., Trull, T. J., Wood, P. K. e Sher, K. J. (2013). Characteristics of borderline personality disorder in a community sample: Comorbidity, treatment utilization, and general functioning. *Journal of Personality Disorders, 27.*

Torgersen, S., Lygren, S., Oien, P.A., Skre, I., Onstad, S., Edvardsen, J. et al. (2000). A twin study of personality disorders. *Comprehensive Psychiatry, 41,* 416-425.

United States Department of Health and Human Services (2010). ECA, Epidemiological Catchment Area Study.

Varvin, S. e Volkan, D. (2003). *Violence or Dialogue? Psychoanalytic Insights on Terror and Terrorism.* International Psychoanalytic Association.

Varvin, S. e Rosenbaum, B. (2007). The influence of the extreme traumatisation on body, mind and social relations. *International Journal of Psycho-analysis, 88,* 1527-1542.

Verheul, R. e Widiger, T.A. (2004). Meta-analysis of the prevalence and usage of the personality disorder not otherwise specified (PDNOS) diagnosis. *Journal of Personality Disorders, 18,* 309-319.

Vignarajah, B. e Links, P.S. (2009). The clinical significance of co-morbid post-traumatic stress disorder and borderline personality disorder: Case study and literature review. *Personality and Mental Health, 3,* 217-224.

Vito, E., Ladame, F. e Orlandini, A. (1999). Adolescence and personality disorders: Current perspectives on a controversial problem. In J. Derksen, C. Maffei, e H. Groen (Ed.), *Treatment of personality disorders*. New York: Kluwer Academic/Plenum.

Vollebergh, W.A.M., Iedema, J., Bijl, R.V., de Graaf, R., Smit, F. e Ormel, J. (2001). The structure and stability of common mental disorders: The NEMESIS study. *Archives of General Psychiatry, 58,* 597-603.

Wallerstein, J.S. e Blakeslee, S. (1989). *Second chances: Men, women, and children a decade after divorce.* New York: Ticknor & Fields.

Wallin D.J. (2007). *Attachment in Psychotherapy.* New York: Guilford Press. (trad.it. Psicoterapia e teoria dell'attaccamento. Bologna: Il Mulino, 2009).

Wärtner, U.G. (1986). *Attachment in infancy and at age six, and children's self-concept: a follow-up of a German longitudinal study.* Dissertazione di dottorato. University of Virginia.

Weissman, M.M., Klerman, G.L., Paykel, E.S., Prusoff, B. e Hanson B. (1974). Treatment effects on the social adjustment of depressed patients. *Archives of General Psychiatry, 30,* 771-78.

Welner, Z., Welner, A., McCrary, B.A., Leonard, B.S. (1977). Psychopathology in Children of Inpatients With Depression: A Controlled Study. *Journal of Nervous and Mental Disease, 164.*

Wender, P.H., Kety, S.S., Rosenthal, D., Schulsinger, F., Ortmann, J. e Lunde, I. (1986). Psychiatric disorders in the biological and adoptive families of adopted individuals with affective disorders". *Archives of General Psychiatry, 43,* 923-929.

Westen, D., Jay Moses, M. e Kenneth, R. (1992). Quality of depressive experience in borderline personality disorder and major depression: when depression is not just depression. *Journal of Personality Disorders, 6,* 382-293.

Widiger, T.A. e Trull, T.J. (1998). Performance characteristics of the DSM-III, personality disorder criteria sets. In Widiger, T.A., Frances, A.J., Pincus, H.A. (Ed.), *DSM-IV Surcebook, vol.4* (pp. 357-373). Washington, DC: American Psychiatric Association.

Widigert, T.A., Simonsen, E., Sirovatka, P.J. e Regier, D.A. (2006). *Dimensional Models of Personality Disorders. Refining the Research Agenda for DSM-II.* Washington, DC: American Psychiatric Association.

Wilson, J.P. e Raphael, B. (1993). *International Handbook of Traumatic Stress.* New York: Plenum Press.

Winnicott, D.W. (1949). *Mind and Its Relation to the Psyche-Soma.* (trad.it. L'intelletto e il suo rapport con lo psiche-soma). In: Winnicott, D.W. (1958). *Collected Papers. Through Pediatrics to Psycho-Analysis.* London: Tavistock (trad.it. Dalla pediatria alla psicoanalisi. Firenze: Martinelli, 1975).

Winnicott, D.W., (1951). The Foundation of Mental Health. *British Mental Jurnal.*

Winnicott, D.W. (1960). The Theory of the Parent-Infant Relationship. *International Journal of Psychoanalysis, 41.*

Winnicott, D.W. (1965). *The maturational process and the facilitating environment. Studies in the theory of emotional development.* London: The Hogarth Press and the Institute of Psycho-analysis (trad.it. Sviluppo affettivo e ambiente. Studi sulla teoria dello sviluppo affettivo. Roma: Armando, 1970).

Winnicott, D.W. (1967). The location of Cultural Experience. *International Journal of Psychoanalysis, 48(3),* 368-72.

World Health Organization (2000). *The World Health Report 2000 – Health system: improving performance.* Geneva: Mental Health Organization.

World Health Organization (2001). *The World Health Report 2000 – Mental health: new understanding, new hope.* Geneva: Mental Health Organization.

Yarbroa, J., Mahaffey, B., Abramowitz, J., Kashdaba, T.B. (2013). Recollections of parent–child relationships, attachment insecurity, and obsessive–compulsive beliefs. *Personality and Individual Differences, 54,* 355-360.

Yehuda, R. e McFarlane, A.C. (1995). Conflict between current knowledge about posttraumatic stress disorder and its original conceptual basis. *American Journal of Psychiatry, 152,* 1705-1713.

Zanarini, M.C. (2005). *Textbook of borderline personality disorder.* Philadelphia: Taylor & Francis.

Zanarini, M.C., Gunderson, J.G. e Frankenbug, F.R. (1989). The revised diagnostic interview for borderlines: Discriminating BPD from other axis II disorders. *Journal of Personality Disorders, 18,* 10-18.

Zanarini, M.C., Frankenburg, F.R. e Dubo, E.D. (1998). Axis I comorbidity of borderline personality disorder. *American Journal of Psychiatry, 155,* 1733-1739.

Zanarini, M.C., Frankenburg, F.R., Dubo, E.D., Sickel, A.E., Trikna, A., Levin, A., et al. (1998). Axis I comorbidity of borderline personality disorder. *American Journal of Psychiatry, 30,* 149-56.

Zanarini, M.C. e Frakenburg, F.R. (2001). Olanzapine treatment of female borderline personality disorder patients: A double-blind, placebo-controlled pilot study. *Journal of Clinical Psychiatry, 62,* 849-854.

Zanarini, M.C., Frankenburg, F.R., Khera, G.S. e Bleichmar, J. (2001). Treatment histories of borderline inpatients. *Comprehensive Psychiatry, 42,* 144-150.

Zanarini, M.C., Frankenburg, F.R., Reich, B.D., Silk, K.R., Hudson, J.J. e McSweeney, L. (2007). The subsyndromal psychopatology of borderline personality disorder. *American Journal of Psychiatry, 164,* 1-7.

Zimmerman, M. e Coryell, W. (1989) DSM-III personality-disorder diagnoses in a nonpatient sample - demographic correlates and co-morbidity. *Archives of General Psychiatry, 46,* 682-689.

Zimmerman, M. e Mattia, J.I. (1999) Axis I diagnostic comorbidity and borderline personality disorder. *Comprehensive Psychiatry, 40,* 245-52.

Zimmerman, M., Rothschild, L. e Chelminski, I. (2005). The prevalence of DSM-IV personality disorders in psychiatric outpatients. *American Journal of Psychiatry, 262,* 1911-1918.

Zweig-Frank, H., Paris, J. e Guzder, J. (1994a). Dissociation in male patients with borderline and non-borderline personality disorder. *Journal of Personality Disorders, 8,* 210-218.

Zweig-Frank, H., Paris, J. e Guzder, J. (1994b). Psychological risk factors for dissociation in female patients with borderline and non-borderline personality disorders. *Journal of Personality Disorders, 8,* 203-209.

Zweig-Frank, H., Paris, J. e Guzder, J. (1994c). Psychological risk factors for dissociation and self-mutilation in female patients with personality disorders. *Canadian Journal of Psychiatry, 39,* 259-265.

Zweig-Frank, H., Paris, J. e Guzder, J. (1994d). Psychological risk factors for self-mutilation in male patients with personality disorders. *Canadian Journal of Psychiatry, 39,* 266-268.

Lightning Source UK Ltd.
Milton Keynes UK
UKHW010625021121
393250UK00001B/75